# 卑弥呼と女性首長

新装版

清家 章

吉川弘文館

目次

## 3章　卑弥呼と女性首長の権能

補　論

# 卑弥呼と女性首長

# 序章　―本書の目的と女王・女性天皇にかかわるこれまでの研究―

## 一　本書の目的

「事鬼道能惑衆年已長大無夫壻有男弟佐治国」（鬼道に事え能く衆を惑わす。年すでに長大なるも夫壻無し。男弟有り、佐けて国を治む。）とは、魏志倭人伝[1]が語る卑弥呼の人物像である。この記事は後世の人々を魅惑し、卑弥呼のひととなりがいかなるものか想像をかき立てた。歴史研究のテーマとしても、小説の題材としても卑弥呼は取り上げられ、劇画の対象にすらなっている。

卑弥呼をふくめて邪馬台国研究は盛んであるが、こと卑弥呼にかんする考古学側からの研究にはかねがね筆者は不満を持っていた。卑弥呼の後継には男王を挟んで女王台与が擁立される。邪馬台国王がなぜ女性であり、なぜこの時期に女王が集中するのか、そしてその時代背景がいかなるものかが問われることが少ないのである。女王擁立とその背景を研究することは重要な歴史的課題であるはずだ。とくに一九九〇年代以降、考古学では古代国家論が盛んとなり、古墳時代は初期国家段階にあるとの見解が提出された（都出一九九一）。古墳時代が初期国家段階あるいは国家形成期であるとするならば、邪馬台国女王の存在は王位継承という古代国家成立論の根幹にかかわってくる。女王の存在は古代女性の地位を考える上で重要であるし、親族組織あるいは家族史においても重要な意味を持とう。こうした重要な歴史的課題に直結する女王擁立問題をなおざりにして良いわけはない。

考古学は、遺跡・遺構・遺物という物質資料から歴史を明らかにする学問であり、個人よりも集団の歴史を取り扱うことに長けている。そのため女王の擁立やその背景を問う分析が間接的になりがちなのはやむを得ないところでもある。たしかに埋葬施設や副葬品、とくに鏡研究などから卑弥呼が扱った鬼道の内容を明らかにするなどの作業は積み重ねられている。しかし、王位の継承については、いきおい倭人伝の記載だけに依拠せざるをえなかったり、一部を除いて憶測の域を出ない見解になりがちであった。

これまでの研究の中でとくに改善が要求される点は、卑弥呼だけに焦点を当てがちな点にある。研究対象が具体的人物であり、考古学的資料の限界もあって研究や叙述が卑弥呼一人に集中しがちなのはやむをえないことかもしれない。しかし、一般的に単独の資料を理解するためには、その関連資料との比較が不可欠である。さもなくば、対象とする資料の解釈は独善的なものになってしまうであろう。わかりやすくたとえてみると、車好きの人が自らの愛車について語る時、車の色・スタイル・エンジンの馬力などの性能や乗り心地などを説明するだろう。その愛車にたいして思いが募る分、誇張や幻想が混ざるかもしれない。それが正しいかどうかは、他の車と比較してみると、とくに話を聞いている人にとっては相対的な位置づけが理解できようというものだ。すなわち、別のある車より値段が高いか安いか、エンジンの馬力を比べ、足回りの違いや、色の相違などを比較すればするほど、その車の位置づけは定まってくる。歴史研究も同じことである。

具体的人物の研究は、単に個人史をたどるものではない。とくに卑弥呼という女性が倭国を代表する王として存在していることは、通史的な女性史としての意義が強く認識されねばならない。そこで本書は、卑弥呼が活躍した時期とその前後の期間を含む弥生時代から古墳時代における女性の役割とその地位を明らかにしつつ、その変化を追い、その中で卑弥呼の位置づけを考えることを目指した。まさに、比較の視点と女性史的視点を卑弥呼の考古学的研究に導入するのである。

さらに考古学的資料と分析にこだわらず、隣接分野である人類学と文献史の資史料と手法も取り入れた。切り込む視点を変えることで、比較の視点が更に多くなり、検討結果の精度をさらに高めることができると考えたからである。

## 二　女王・女性天皇にかかわるこれまでの研究

それではこれまでの歴史研究において卑弥呼擁立の背景と彼女の権能についてはどのように説かれてきたのであろうか。このテーマについては文献史からのアプローチがこれまで主であったので、文献史の研究を中心に取り上げてみる。

文献史においては卑弥呼を単独に取り上げた例はむしろ少なく、女帝論の中で取り上げられることが多い。主な女帝論学説をとりあげて、その中で卑弥呼がどのように評価されているか簡単に振り返っておこう。

**中継ぎ女帝説**　井上光貞は、安閑天皇の妃である春日山田皇女から奈良時代の孝謙天皇までの古代女帝が擁立された背景を問うた（井上一九六五）。井上は古代女性天皇を律令期とそれ以前に分け、六世紀中葉以後七世紀末までは「皇位継承上の困難な事情のある時」に、「先帝あるいは前帝の皇后」が即位するという原則を示したのであった。

律令期に入ってからは、直系相続的継承すなわち親から子、子から孫へと地位継承が行われることが基本となる。そのため「皇位継承上の困難な事情のある時」という状況は同じであっても、「女帝は先帝や前帝の皇后」に限らなくなったとした。

大安寺伽藍縁起并流記資材帳における「仲天皇」や続日本紀神護景雲三年十月の称徳天皇の宣命にある「中都天皇」から、これらを「ナカツスメラミコト」と読んで古代女性天皇を中継ぎの天皇と考える喜田貞吉の理解を発展的に引き継いだのであった。これが有名な中継ぎ女帝説だ。

さらに女帝の権能にかんする見解も井上は示している。折口信夫が「女帝考」において示した、皇后はシャーマンでありその権能を以て帝位に就いたという理解を批判し、六世紀以前の卑弥呼や飯豊皇女は「シャーマン的な女帝」であるが、六世紀中葉以降の女帝は、シャーマン的な性格を残している可能性はあるものの、そうした性格を持つことと女性が帝位を継ぐことは別問題であるとした。

井上の女帝論をまとめると

1. 六世紀以前のシャーマン的な女帝

2. 六世紀中葉から七世紀末までの女帝（先帝・前帝の皇后が原則）

3. 律令期以降の女帝（直系的相続が原則とされる中での女帝）

の三段階に分けられる。2と3は「皇位継承上の困難な事情のある時」の中継ぎであるとしているが、1については言及がない。ただ、卑弥呼がシャーマンであるとの見解は、卑弥呼の権能を特定している点で重要である。

上田正昭も女王・女帝を三段階に分けており、その点については井上に近い（上田一九七一）。上田は

イ. 巫女王の段階（卑弥呼・台与・神功・飯豊）

ロ. 巫女王から女帝の段階（推古・皇極・斉明・持統）

ハ. 女帝の段階（元明・元正・孝謙・称徳）

の三段階に分け、祭政未分化のイの段階から巫女王・司祭者としての性格が希薄なハの段階へと女帝の性格が変化することを指摘している。また、巫女王の段階における女王・女帝に未婚が多いことについて、彼女たちが「神の嫁」であるから未婚であるとの俗説をこの時点で否定し、さらに卑弥呼らが単なるシャーマンではなく司祭者的役割を持っていることを

主張したことは注目に値する。

荒木敏夫（一九九九）は、男帝にも中継ぎ的性格を持つ者がおり、性差に基づいた中継ぎ論を批判する。さらに中継ぎそのものの性格が歴史的に変化する可変性を持つので、女帝の出現の問題をその時々の王権と国家構造の中で理解していくべきだとした。また、女王・女帝の祭祀的性格にも触れ、これまで「シャーマン」の語で一括していたものの中には、祭司（プリースト）とシャーマンという二つの概念が含まれており、これらを分けて分析を進めるべきだという提言も行っている。

**ヒメヒコ制説**　祭祀的能力を持つ女性と軍事・政治を担う男性が共同統治を行う政治形態がヒメヒコ制である。祭祀＝聖、軍事・政治＝俗を二人の人物がそれぞれ担うので、聖俗二重王権制などともよばれることがある。高群逸枝が唱えたヒメヒコ制（高群一九六六）は、その後の古代史や考古学に重大な影響を与えたが、これに近い理解は、折口信夫が一九四六年にすでに示していた（折口一九四六）。折口は、上記の「仲天皇」・「中都天皇」に加え、万葉集にある「中皇命」をして、これらの「中」は「中継ぎ」ではなく「仲だち」であると理解した。すなわち神と天皇の間にたって、神意を伝える皇族女性が「中皇命」・「仲天皇」などであったとし、これらは天皇とともに常時存在したと語る。後のヒメヒコ制・聖俗二重王権説の基礎がここに示されている。

古代母系社会説を唱える高群逸枝は、男女による共同統治であるヒメヒコ制は母系制社会には必然であると述べ、母系氏族の直統として母祖神を司祭する「女酋」と、「女酋」が受けた神の教えを執行する「男酋」が存在するのだという。後にこれが逆転して、男性が行政首脳者となり、女酋は一種の斎職専門化が計られ母系制は衰退していくとしている（高群一九六六）。洞富雄は、伊勢の斎宮や琉球の女性最高祭祀者である聞得大君《きこえおおきみ》を卑弥呼と比較しつつ、高群と同様な見解を示している（洞一九七九）。この考えに従えば、卑弥呼は祭祀的能力を以って女王の役割を担い、男弟が行政を執り行うことになる。また、高群にいわせればヒメヒコ制は必然的存在なので、女王の存在は中継ぎなどでは決してないことになる。

高群の研究を引き継いだ関口裕子は、今井堯の考古学の成果や岡田精司の祭祀研究を利用しながら、生産・軍事・祭祀は男女共にかかわるので、古代の王権は男女の役割分担が流動的・相互移動的な二重王権であると主張する（関口一九八七）。ただし、そうした中でも祭祀の中核部分は女性が担ったことを強調している。その後、五世紀に入ると倭の五王の存在から大王権の主たる部分は男性が担うとしつつ、史料に現れない女性副王の可能性を述べている。そうした男性大王と女性副王が共存するヒメヒコ制の中で、男性が大王に即位できない政治的事情が生じた時、ヒメたる女性が「大王」に即位したのが「女帝」であると述べる。

高群らのヒメヒコ制あるいは二重王権制は考古学に多大な影響を与えた。男女合葬事例がみつかれば、ヒメヒコ制によって説明が行われることもしばしばであった。近年でも、同一古墳上にある複数の埋葬施設において副葬品の組み合わせが異なる事例を白石太一郎は取り上げ、これらの埋葬施設は性格の異なる二人以上の首長が共存することを示すものして、聖俗二重首長制を唱えている（白石二〇〇三）。岸本直文は大王陵の墳形に二系列の墳丘形態が存在することから、これらは聖俗の王がそれぞれの系列の古墳に分かれて埋葬されたのだと述べている（岸本二〇〇八）。これらはヒメヒコ制が形を変えて考古学の中で生き残っているものといえよう。

高群のヒメヒコ制は、母系社会説に立つ彼女が民族学の知識を基に古代史料を解釈するために作った枠組みであり、多くの史料に基づいて立論された存在ではない。たしかに男女による統治とみなせる史料も存在する。その一方で、男女による統治とは認められない例も文献には多数存在するが、ほとんど無視される。関口も文献に記されない女性副王の可能性を示すことによって立論するが、資史料に基づいて分析をするべき科学的歴史研究が「史料にない存在」をあてにした議論を展開していることに疑問を感じざるを得ない。また高群の母系社会説がほぼ否定された現在において、ヒメヒコ制に拘泥する理由は全くなくなっている。

## 本格的女帝説

義江明子は古代の女性支配者を巫女・神秘・政争外というイメージでとらえることに反対する。古代の祭祀は男女の神職による模擬的生殖儀礼が基本であることを義江は示し、男女が祭祀にかかわっていたことを明らかにした。祭祀を司る王族女性として知られる伊勢神宮の斎宮や賀茂神社の斎院は、王権守護のために後に付加された存在であり、これらの事例から古代の祭祀形態を復元することに疑義を示している（義江一九九六）。

卑弥呼についても詳しく取り上げ、雄略天皇＝ワカタケル大王との比較から卑弥呼も「戦う王」であり、男王と同じ本格的な王であった可能性を示している。卑弥呼が国を治めるのをたすけた（「佐治国」）という男弟についても言及した。埼玉稲荷山古墳から出土した鉄剣の銘文を引き合いにして、男弟の「佐治」は補助的役割にすぎないのであって、実際の政務は卑弥呼が執ったのだと述べる。さらに推古天皇や皇極・斉明天皇らをとりあげ、その能力と実力を評価して本格的女帝説を展開する（義江二〇〇五）。

## 考古学側からの分析

考古学側からの分析については基本的に本文中で述べることになる。考古学の資料を用いて卑弥呼の権能や地位の継承について議論が行われたことは基本的にないといって良い。古墳・埋葬施設・副葬品という物質資料を研究対象とし、個人研究よりも集団研究を得意とする考古学的手法により卑弥呼という特定個人を対象として研究することは困難だからである。古くは文献史学や民族学からの解釈が考古学に一方的に影響を与えていたと考えて良い。

もちろん三角縁神獣鏡の研究に代表されるように卑弥呼にかかわる考古遺物や、その墳墓と王宮の追跡は行われ、多大な成果を収めているのはいうまでもない。これらの成果についても本文中でもちろん取り上げることになる。ただ、三角縁神獣鏡の動向についても、「卑弥呼」が主語になるよりも、「邪馬台国」や「ヤマト政権」が主語となって語られる場合がほとんどであり、とくに卑弥呼の権能やその地位の継承について文献史を介さず考古学から問われることは稀である。

こうした状況の中で、今井堯（一九八二）の研究は文献史・考古学両方に大きな影響を与えたので、とくにここに記しておく。今井は、女性人骨が遺存する古墳資料を集成し、女性首長とみなされる存在は普遍的に存在すること、それらの女性の副葬品には鏡・腕輪形石製品などの祭祀・装飾品以外に武器・農工具が含まれるので、女性首長は祭祀・軍事・生産に関与することがあることを指摘したのであった。論文が執筆された時点では、「女性＝祭祀的能力」の図式が強く認識されていたので、軍事・生産に女性首長がかかわりうるとした見解は革命的ですらあったのだ。今井論文は今では大きく修正を要する箇所がいくつかあるが、女性史的視点を欠いていた考古学に新たな視点を持ち込んだこと、女性首長の研究が重要な歴史的検討課題であることを示した点は絶大な貢献といわねばならない。

寺沢知子は、義江明子の祭祀論を咀嚼し、原始古代の祭祀が男女による模擬的生殖儀礼であることを前提にして、弥生時代にいたって首長層の男女にシャーマンの役割が吸収され、古墳時代には男性首長によって古墳祭式が集約されたと説く（寺沢二〇〇〇）。祭祀的役割を女性に限定することなく男女による祭祀を認める点では、これまでの考古学的見解の中では特筆され、戦争が女性の地位を低下させる可能性を示すなど、本書の内容と重なるところが多い。筆者も寺沢の見解に大いに刺激を受けた。ただ、女性の祭祀的役割を根幹的に考える点や考古学的に立証できない模擬的生殖儀礼に基づいて論を展開している点は承服しがたく、その論証に問題もあり、最終的には筆者の考えと隔たりも大きい。それについては本文中で言及することにしよう。

## 三　問題の所在

文献史を中心に女王・女性天皇の研究をみてきたが、卑弥呼に関する評価だけに焦点を当てたとしても、その評価の幅がいかに広いかがわかるであろう。これまでの研究を眺めてくると論点は大きく分けて二つあることがわかる。

一つは地位の継承である。他方は女王・女性天皇の権能にかかわることである。これまでの研究では両者は密接にかかわっているが、それが卑弥呼研究を難しくしている要因の一つともなっている。確かに両者は関係するが、最初から二つの論点をまとめて議論すると他方が一方の論拠となって議論が展開することになり、演繹的に話が進むこともままある。本書では区別して議論を進めてみたい。

地位の継承については、中継ぎ説・ヒメヒコ制説やそれらを否定する説まで様々である。中継ぎ説は王位の男性継承を前提としているが、とくに高群の示すヒメヒコ制は母系社会を前提としているので両者はまったく対立する。聖俗二重首長制も男女が基本的には並び立って治世を行うので、中継ぎではありえないことになる。[2]

もう一つの論点である権能については、女性の祭祀的性格が強調され、その能力をして卑弥呼らを女王たらしめたという見解が強かった。女性の祭祀的役割については柳田國男の「妹の力」以来強調されるところであり（柳田一九四〇）、卑弥呼の祭祀的役割を強調する説については、古くは白鳥庫吉からある（白鳥一九一〇）。内藤湖南は卑弥呼を倭姫命にあてる。倭姫命は天照大神を祭ることからそうした比定を行っているので、内藤も卑弥呼の祭祀的役割を強く認めているともいえよう（内藤一九一〇）。高群逸枝がヒメヒコ制の中で祭祀的能力を強調しているのは上記の通りであるし、折口や井上も女帝論の中で卑弥呼の祭祀性に着目する。繰り返しになるが、祭祀的性格の中にはシャーマン的性格と司祭者的性格に分けて議論すべきであるという荒木の提言には耳を傾けておく必要がある。

その一方で、義江が示したように、卑弥呼は中継ぎでもなく祭祀的性格に特殊化した王でもなく、男王と変わらない本格的女王であったと述べる者もいる。また、考古学からは女性首長論を展開した今井が、女性首長には祭祀・生産・軍事の権能があったとし、男性首長と変わるところがないと主張したことは卑弥呼の権能を考える上で重要であり、じっさいに関口裕子は今井の説に依拠しつつ、女性首長は政治・生産・軍事・祭祀を担い、女性単独で軍事指揮者になりうることを主張している（関口一九九七）。

このような問いは卑弥呼や邪馬台国論にとどまるものでは決してない。邪馬台国以降の王権論や女性の政治史的研究、ひいては古代のジェンダー論にかかわる重大な問題である。本書はこの問題にたいし、考古学的な方法を軸にしながら文献史・人類学の知識を用いてアプローチしようと考えたのである。

## 四　本書の構成

こうした課題に取り組むため、本書は以下のような章から構成されている。

序章　―本書の目的と女王・女性天皇にかかわるこれまでの研究―
第1章　邪馬台国の時代と場所を考える
第2章　王位を継承する男と女
第3章　卑弥呼と女性首長の権能
第4章　卑弥呼はなぜ独身だったのか
終章　時代のうねりの中で―女性の地位と卑弥呼―

第1章では、邪馬台国の時代と考古学の時代区分との対応を明確にし、その上で邪馬台国の所在地にかんして私見を示す。邪馬台国所在地論は本書の主な目的ではないが、卑弥呼論を展開する上で不可欠な要素であるので本章を立てた。ただし、第2章から終章までに記される卑弥呼の権能や邪馬台国における王位継承に関する内容は、第1章に異論があっても成り立つ。そういう意味では邪馬台国畿内論者も九州論者も筆者の所在地論に与せずとも、それらの章を読んでいただけるはずである。

第2章は、弥生時代から古墳時代前期の首長層において男性と女性がどのような上下関係にあるかを検討し、とくに女性首長の盛衰について概観する。第3章では、祭祀・軍事・生産に関する男女の性的役割分担を明らかにし、とくに女性首長の権能を明らかにすることを試みる。その中で卑弥呼の権能についても言及しつつ、ヒメヒコ制に批判を加える。第4章では、卑弥呼の独身性を俎上にあげ、そこから女王卑弥呼の政治的特徴の一端を明らかにする。

そして終章ではこれまでの分析について時系列を軸として整理し、卑弥呼が女王に擁立された背景と要因についてまとめることにする。

## 五　用語の問題

弥生墳丘墓や古墳には複数の埋葬施設が設置され、複数の成人と時には未成人が一つの墳丘に葬られることが多い。その被葬者の関係を問うことは本書の重要な分析項目の一つである。複数の人物が同じ墳丘に葬られているとしても、もっとも中心的な埋葬施設に葬られる人物とその周辺に葬られる人物、あるいは墳丘の周囲に葬られる人物は、階層が異なり役割も異なることが予想される。最も中心的な埋葬施設は他の埋葬施設に比べ、棺とそれを納める槨あるいは室は堅牢で副葬品も豊富であることが多い。この埋葬施設に葬られる人物は古墳築造のきっかけとなった人物でもあるので、他の被葬者と区別して語る必要がある。首長墳に葬られたとしても、真に首長とよばれるべき人物はこの中心的な埋葬の人物である。

本書では図1のように、墳丘の中央部に設けられたもっとも中心的な埋葬施設を主要埋葬施設とよび、墳丘の主要平坦面に設置されたその他の埋葬施設を副次的埋葬施設とよぶ。また、墳丘斜面・裾ならびに周溝の内外に設けられた埋葬施設を周辺埋葬施設あるいは周辺埋葬墓と呼ぶ。

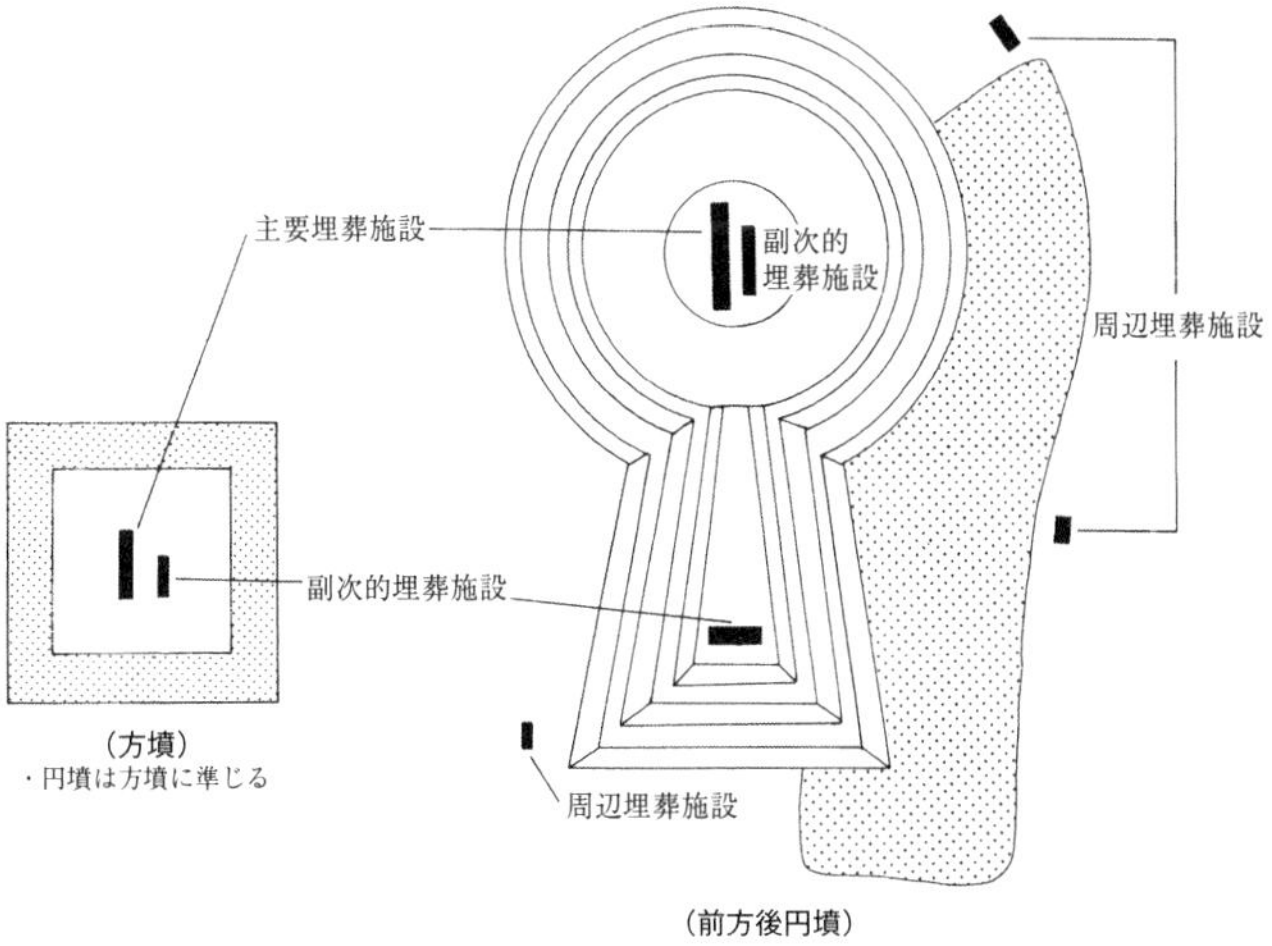


図1　埋葬施設の名前

本書は女性天皇についても取り上げる。「天皇」という称号は天武朝から使用されるとの見解が有力であり（森二〇〇二）、漢風諡号《しごう》自体も奈良時代の産物である。したがって、天武朝以前の「天皇」を「天皇」とよぶことはほんらい正しくはない。「天皇」に代わる称号は埼玉稲荷山古墳出土鉄剣等にみられる「大王」が有力候補であるが、天武朝以前のヤマト政権の長がすべて大王と名乗っていた証拠があるわけでもない。史料や他の文献では漢風諡号を用いる場合も多く、引用が異なるたびに同一人物の称号が代わることは煩雑である。そこで便宜上、天皇は基本的に漢風諡号を用いて表記した。

［注］

（1）「魏志倭人伝」の正式名称は、『三国史 魏書』の「烏丸鮮卑東夷伝倭人条」である。本書では通称である「魏志倭人伝」をそのまま用いる。なお、本文中における魏志倭人伝に関するすべての引用は石原道博編訳一九五一『新訂魏志倭人伝・後漢書倭伝・宋書倭国伝・隋書倭国伝』岩波文庫を基本とし、書き下し文も同書を参考にした。

（2）ただし、白石の聖俗二重首長制では聖的役割を女性が担うと決めつけているわけではないので、中継ぎ説と折り合う余地はある。

［参考文献］


荒木敏夫　一九九九『可能性としての女帝』青木書店

井上光貞　一九六五「古代の女帝」『日本古代国家の研究』岩波書店：二一三—二五三頁

今井　堯　一九八二「古墳時代前期における女性の地位」『歴史評論』No.三八三　校倉書房：二一—二四頁

上田正昭　一九七一『女帝』（一九九六『古代日本の女帝』講談社学術文庫に改題・補訂されて再刊）

折口信夫　一九四六「女帝考」『思索』第三号（一九五六『折口信夫全集』第二〇集、中央公論社：一—二三頁に再録）

岸本直文　二〇〇八「前方後円墳の二系列と王権構造」『ヒストリア』第二〇八号　大阪歴史学会：一—二六頁
白石太一郎　二〇〇三「考古学から見た聖俗二重首長制」『国立歴史民俗博物館研究報告』第一〇八集（白石太一郎　二〇〇九『考古学から見た倭国』青木書店：六三—九三頁に再録）
白鳥庫吉　一九一〇「倭女王卑彌呼考」『東亜之光』第五巻第六・七号（一九六九『白鳥庫吉全集』第一巻　岩波書店：三—三九頁に再録）
関口裕子　一九八七「卑弥呼から女帝へ」脇田晴子ほか編『日本女性史』吉川弘文館：一五—二〇頁
関口裕子　一九九七「日本古代の戦争と女性」前近代女性研究会編『家・社会・女性—古代から中世へ—』吉川弘文館：一九—四三頁
高群逸枝　一九六六「族母卑弥呼」『女性の歴史』一　高群逸枝全集第四巻　理論社：七四—一一七頁
寺沢知子　二〇〇〇「権力と女性」『古代史の論点』第二巻　女と男、家と村　小学館：二三五—二七六頁
都出比呂志　一九九一「日本古代の国家形成論序説—前方後円墳体制の提唱—」『日本史研究』三四三号：五—三九頁
内藤虎次郎　一九一〇「卑彌呼考」『藝文』第壹年第四号（一九七〇『内藤湖南全集』第七巻　筑摩書房：二四七—二八三頁）
洞　富雄　一九七九『天皇不親政の起源』校倉書房
森　公章　二〇〇二「倭国から日本へ」森編『倭国から日本へ』日本の時代史三　吉川弘文館：八—一三一頁

柳田國男　一九四〇『妹の力』（一九九〇『柳田國男全集』一一　筑摩書房に再録）
義江明子　一九九六『日本古代の祭祀と女性』吉川弘文館
義江明子　二〇〇五『つくられた卑弥呼―〈女〉の創出と国家』ちくま新書

# 1章　邪馬台国の時代と場所を考える

## 一　古墳の定義と年代論

序章で記したとおり、女王卑弥呼が擁立された理由とその背景を明らかにすることが本書の目的である。したがって、邪馬台国がどこにあるかということは本書の主たる目的ではない。卑弥呼の政治的役割や女性史的意義を問うものであるので、邪馬台国畿内論者も九州論者もそれぞれの立場で本書を読んでいただければ良い。

しかし、自らの見解を明らかにしないで話を進めることは研究者として道義にもとるし、今後の話も進めにくい。邪馬台国所在地論について、とくに自らが何かを明らかにしたわけでもないが、自身の見解を示しておく必要がある。

邪馬台国所在地論については、その研究史を振り返るだけで数冊の本ができてしまう。じっさいに研究史をまとめた書物もある。研究史についてはそれらに任せ、ここでは考古学的な知見を中心に自説の根拠を示すことにしたい。そのためにも用語と年代の区分をまず整理しておきたい。

**古墳の定義**　卑弥呼が女王として活躍した時期は詳しくは後述するが、実年代でいえばおおよそ二世紀末から三世紀前半に相当する。この期間は、時代区分上きわめて微妙な時期である。一言でいえば卑弥呼の時代は、弥生時代終末期なのか古墳時代に入っているかどうかである。

この問題で整理すべき点は三つある。

まず一つは「古墳とは何か」である。古墳時代は巨大な墳丘を持つ墓が全国に築造された時代である。しかし、弥生時代にも全長四〇～八〇mクラスの大きな墳墓が築造されることがあるので、大きな墳丘を持つ墓があるからといって「古墳」と単純によぶことはできない。古墳時代の代表的な墳形は前方後円墳であり、古墳時代は「前方後円墳の時代」とも表現される。三〇〇年以上続く古墳時代において、どの時期においても最大規模墳は前方後円墳であり、それはとりもなおさず大王墳は前方後円墳であることを示している。

都出比呂志の前方後円墳体制論によれば、墳丘規模と墳形によって各首長の地位と大王勢力との親疎が表示されるという（都出一九九二）。前方後円墳体制論に批判的な研究者であっても、前方後円墳の出現をもって古墳時代の始まりとする者は多い。したがって、本書でも前方後円墳出現をもって古墳時代の開始であると考え、それ以降の墳丘を持つ墓を古墳とよぶ。弥生時代における墳丘を持つ墓は古墳とはよばず「弥生墳丘墓」ないしは「墳丘墓」とよんで、古墳とは区別する（近藤一九七七）。本書でもそれに従うことにしよう。

## 最古の古墳は何か

整理すべき事項その二は、何をもって前方後円墳とするかということである。前方後円形の墳丘は、じつのところ、だれもが弥生時代と考える時期から存在するので、最古の前方後円墳がどれかについては、研究者によって違いがある。前方後円形の墳丘があれば前方後円墳とよべばいいのではないか、という見解もあろうが、そう単純にはいかない。

前述のように、前方後円墳が時代の画期を示すものであるならば、最古の前方後円墳は、形そのものと同時に、その存在が社会的画期を示すものでなければならない。「古墳」が被葬者の地位と大王勢力との親疎を示すものであるならば、大和地方における、前方後円形の墳墓の画期を積極的にみいだして区別するべきである。

この点でとくに問題となっているのは、奈良県ホケノ山と奈良県箸墓古墳をどう考えるかという点である（図2）。箸墓古墳は全長約二八〇ｍを測る、誰もが前方後円墳であると認める古墳である。これを「古墳」と考えない者はまずいない。ホケノ山は箸墓古墳の東三〇〇ｍの地点にある全長八〇ｍの前方後円形の墳墓である。ホケノ山は箸墓古墳よりも一時期古い。ホケノ山を「前方後円墳」と認めるなら、ホケノ山出現時から古墳時代は始まることになり、認めないなら弥生時代終末期という理解になる。

ホケノ山を古墳と認めることができないのは、弥生時代の他の墳墓に比べて規模が大きいとはいえ箸墓と比較すると見劣りするからだ（図2）。古墳時代が墳丘規模と墳形によって被葬者の地位を表現する社会であるならば、時代の画期とするにはややものたりない。八〇ｍクラスの墳墓は岡山県楯築遺跡のように弥生時代後期にも例がある。箸墓古墳は、全長でホケノ山の二・五倍、体積にすると約三〇倍もの大きさを誇る（福永二〇〇一）。そうした大規模な墳丘を築くためには、それだけ多くの労働力や労働力を集める権力と管理する組織が必要である。箸墓古墳とホケノ山の間には、墳丘規模の裏に隠された大きな社会的差異が存在すると考えられる。

以上のことから、筆者は、隔絶した規模を持つ箸墓古墳を最古の前方後円墳と理解し、箸

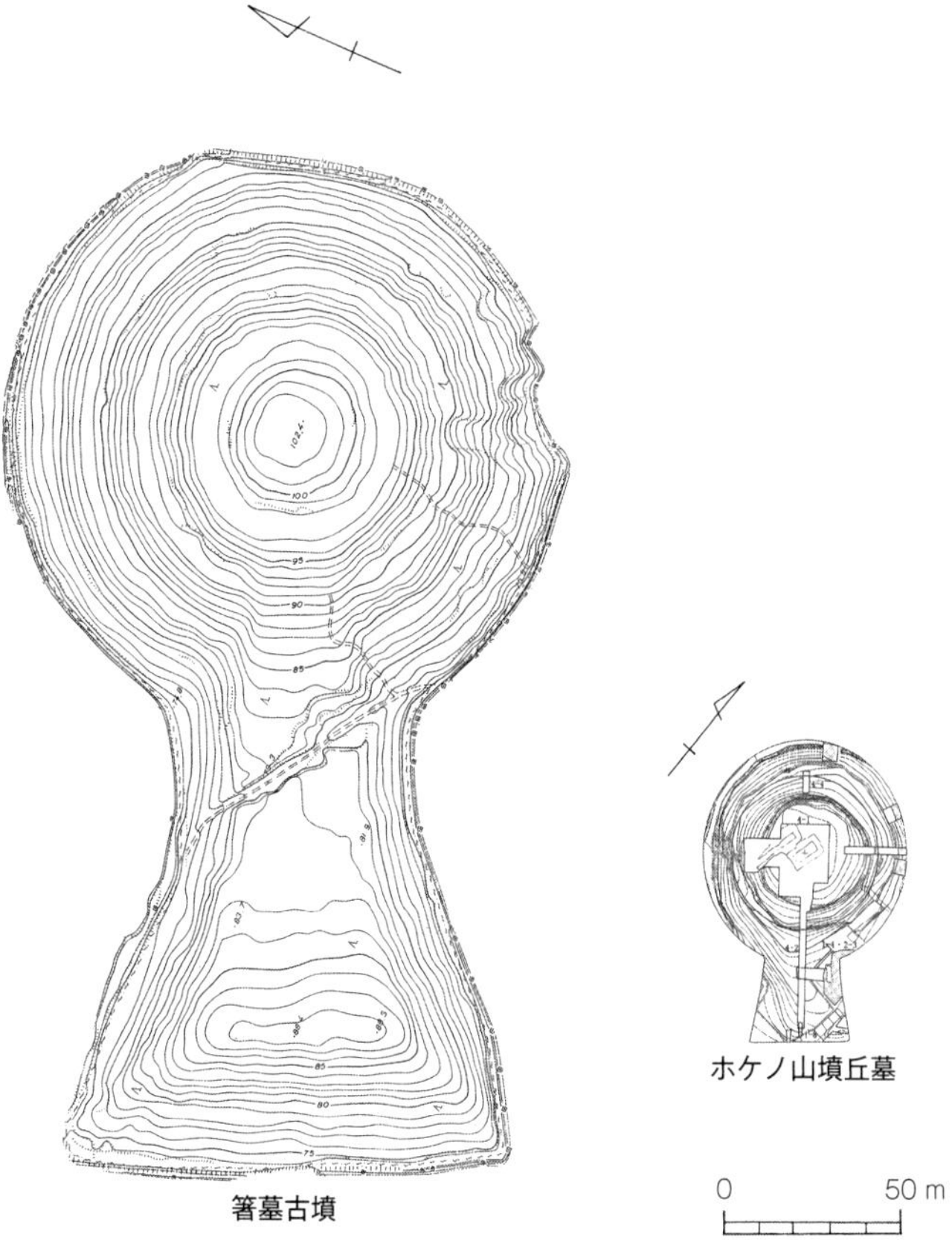


図２　箸墓古墳とホケノ山墳丘墓の比較

表１　弥生時代と古墳時代の年代（福永2001より）

| 時代 | 弥生時代 | | | | 古墳時代 | | | |
|---|---|---|---|---|---|---|---|---|
| 年代 | | | AD1 | 190 | 260 | 400 | 500 | 600 |
| 時期 | 前期 | 中期（前葉　中葉　後葉） | 後期 | 終末期 | 前期 | 中期 | 後期 | 終末期 |
| 土器 | 第Ⅰ様式 | 第Ⅱ様式　第Ⅲ様式　第Ⅳ様式 | 第Ⅴ様式 | 庄内式 | 布留０式　布留１式　布留２式　布留３式 | 高蔵73型式　高蔵216型式　高蔵208型式　高蔵23型式　高蔵47型式 | 陶器山15型式　高蔵10型式　陶器山85型式　高蔵43型式　高蔵209型式 | 飛鳥様式 |

墓古墳をもって古墳時代の幕開けと考える。したがって、ホケノ山は古墳時代以前の弥生時代終末期の墳墓であり、先の定義に照らすならば弥生墳丘墓とよぶべき存在である。(1)

**古墳時代開始年代の研究**　整理すべき事項のその三は実年代論である。邪馬台国所在地論にかかわって、近年の研究で大きく変化したのは古墳時代の始まりに関する年代論である。

一九八〇年代まで古墳時代の始まりは三世紀末から四世紀初めと考えられてきた。しかし、一九九〇年代以降、弥生時代から古墳時代にかけての年代研究が大きく進展し、古墳時代開始期、言い換えれば箸墓古墳の築造年代は西暦二六〇年を前後する時期に相当すると考えられるようになってきた。この古墳時代開始期に関する検討については福永伸哉の著書に詳しく、これを参考にして古墳出現期の年代を考えてみることにしよう（表１・福永二〇〇一）。

1．画文帯神獣鏡と三角縁神獣鏡の副葬　弥生時代終末期から古墳時代前期にかけての年代論を考える際に重要な鏡は、間違いなく画文帯神獣鏡と三角縁神獣鏡である。

画文帯神獣鏡は二世紀末から三世紀前葉に製作され、三角縁神獣鏡は、その銘文から西暦二三九年頃から製作が始まり、三世紀後葉まで製作される。とくに舶載三角縁神獣鏡は四段階に分けることができる。弥生時代終末期の墳丘墓には三角縁神獣鏡は副葬されず、画文帯神獣鏡が副葬されることが多い。いっぽう、最古相の古墳には三角縁神獣鏡のうち一段階と二段階の鏡が副葬され、三世紀後半の三角縁神獣鏡は副葬されないという。こうした鏡の副葬から考えると、弥生時代終末期は二世紀末から三世紀前半に位置づけられ、最古相の古墳は西暦二六〇年前後に位置づけられる。

2．弥生時代中期の年代　従来から弥生時代中期あるいは後期の年代は、一九八〇年代に考えられていた年代よりもさかのぼるとされてきた。具体的には、弥生時代中期は紀元一世紀まで続くと考えられ、後期は二世紀とする説があった。しかし、貨泉という中国貨幣や中国鏡と土器の共伴関係から、弥生時代中期から後期の移り変わりは紀元前後に求められることが有力となった。一九八〇年代後半以降、年輪年代法が日本でも実施されるようになり、その分析は上記の考古資料から示された年代と矛盾しない(2)。

この結果、弥生時代後期は一世紀半ばから二世紀に相当し、弥生時代終末期、土器でいえば庄内式土器の年代は三世紀前半に位置づけられ、鏡から見た年代と整合的である。

3．古墳時代中期の年代　古墳時代中期の時期を決める指標の土器は須恵器が中心である。須恵器の最古相の一つである高蔵七三型式の年代は、その昔は五世紀中頃に相当すると考えられていた。しかし、「ワカタケル大王（＝雄略天皇）」の名前が記されていることで著名な埼玉稲荷山古墳出土鉄剣に記される「辛亥年」は四七一年であり、稲荷山古墳出土須恵器の年代が数十年古く見積もられることになった。稲荷山古墳の須恵器から遡って考えると、最古相の須恵器は西暦四〇〇年前後と考えられるようになったのである。

また、大阪府大庭寺遺跡から、これまで最古相と考えられてきた高蔵七三型式の須恵器よりさらに古いと考えられる須恵器が見つかり、須恵器の出現が四世紀代に遡りつつある。須恵器出現の年代が遡及することは、これまた年輪年代法による証拠と矛盾しない。このことによって、古墳時代中期の年代はさかのぼり、それに押されるように古墳時代前期の年代も従来の考えより古くなると考えられる。このことも1・2と整合的である。

**卑弥呼の活動期**　よく知られた事実として、「魏志」には倭国が乱れ、その後に卑弥呼が共立されることが記される。その乱は『後漢書』は桓帝・霊帝の頃とし、『梁書』によれば「漢霊帝光和中」としている。桓帝は西暦一四六―一六七年、霊帝は西暦一六八―一八九年の在位であり、光和は西暦一七八―一八四年である。『後漢書』や『梁書』の記載が正しいとすると卑弥呼が共立されたのは西暦一九〇年前後となる。そして魏志倭人伝によれば卑弥呼は正始八年（二四七年）に魏に三度目の遣いを送り、その後「以死」と記述される。あるいは『北史』倭伝と『梁書』倭伝には正始年間に卑弥呼が亡くなったことが記載される。正始は一〇年（二四九年）まで続くので、これらの記載をあわせて考えると、二四九年までに卑弥呼は亡くなっていたことになる。すなわち二世紀末から三世紀半ばまでが卑弥呼の女王としての活動期間であり、西暦二五〇年までに亡くなっていると考えられるのだ。考古学的時期区分でいえば、弥生時代終末期、土器型式でいうと庄内式期が卑弥呼の時代ということになる（表1）。大古墳築造にかかる時間を考えれば、卑弥呼の死と古墳時代開始期（＝箸墓古墳の築造）はきわめて近接した時期になることはとくに注意を要しよう。

## 二　邪馬台国所在地論と私の考え

時代区分と年代について整理したところで、邪馬台国所在地について私見を示す。結論からいえば、邪馬台国は畿内にあると私は考える。魏志倭人伝に記載されている方位・距離・習俗や地名考証から邪馬台国の所在地を明らかにしようとする試みは江戸時代からあるが、いまだに結論をみない。江戸時代から現代に至るまでの数々の俊才が行った分析をこえることは考古学を専らとする筆者には至難である。その研究史も他に譲って、ここでは考古学的知見から邪馬台国の所在地を考えてみよう。

考古学において邪馬台国の所在地を指示する資料として重要なものは、①巨大な墳墓の存在・②拠点的集落の存在・③中国系威信財の分布といったところであろう。これらの点を現状の研究の中でみてみると邪馬台国は畿内にあると考えざるを得ない。というよりも九州説が成り立つ余地は考古学的にはほとんど存在しないといっても良い。

## 前方後円墳の出現と卑弥呼

まず魏志倭人伝には「卑弥呼以死大作冢径百余歩」（卑弥呼以て死す。大いに冢を作る。径百余歩。）とあり、卑弥呼の死に際しては大規模な墳墓が造られたことが記される。卑弥呼の死が箸墓古墳の築造時期ときわめて近いことは先に示した通りである。箸墓古墳の後円部直径が百余歩に近いことから、古くは笠井新也が箸墓古墳こそが卑弥呼墓である可能性を示しており（笠井一九四二）、年代的に考えるとその可能性はより強くなった。箸墓古墳の被葬者は日本書紀においてヤマトトトヒモモソヒメにあてられており、女性被葬者の伝承を持つことも箸墓古墳＝卑弥呼墓説には魅力的である。古墳被葬者名を特定することは困難であるので、筆者は、箸墓古墳についても軽々に被葬者を特定することはできないと考える。しかしながら、箸墓が卑弥呼墓でないとしても、弥生時代終末期あるいは古墳時代初頭に大規模な墳墓を築造する地域は畿内に限られる。少なくとも同時期の最大規模墳は畿内にあることは重要である。

## 中国鏡と邪馬台国

邪馬台国は魏王朝へ遣使を行っている。魏志倭人伝によれば卑弥呼は三回、その後、台与が一回の遣使をしたことが記載される。さらに晋書は、西暦二六六年に遣使が西晋に対して行われたことを伝えている。中国との交流が盛んに行われており、魏志倭人伝には卑弥呼に対し「銅鏡百枚」が下賜されたことが記される。中国鏡の分布は、中国王朝との交流を示す重大な手がかりである。中国鏡は、弥生時代中期においては九州を中心にしてみつかる。それが邪馬台国九州説を支える根拠の一つでもあったのだが、弥生時代後期から終末期にかけてその分布の中心は畿内へと移動しているのである（図3）（岡村一九九九）。

三角縁神獣鏡については中国で製作され日本に持ち込まれた舶載鏡と、そのしばらく後に日本で製作される倣製鏡の二種類があると考えるのが一般的である。三角縁神獣鏡舶載鏡については、倭鏡であるとの説も根強くあって対立している。しかしながら、鈕孔や外周突線など三角縁神獣鏡の特異な属性から、これらを中国鏡とする福永伸哉の研究（福永二〇〇五）を私は是とする。三角縁神獣鏡舶載鏡が魏晋鏡であり、卑弥呼やその後継者が魏晋王朝から得た鏡であるとすると、小林行雄の同笵鏡論（小林一九六一）を持ち出すまでもなく三角縁神獣鏡の分布は邪馬台国と諸国の政治的関係を反映しているとみて差し支えない。三角縁神獣鏡は畿内を中心に分布しているのだ。このように最大規模の前方後円墳が畿内に存在し、三角縁神獣鏡の分布の中心も畿内にある。

古墳時代の墳墓だけでなく、弥生時代終末期の墳墓や鏡の状況も同様のことを示している。先述のホケノ山墳丘墓のような前方後円形の墳丘墓は畿内を中心に各地に存在することが知られている。寺沢薫は、箸墓古墳以前の前方後円形の墳墓には、ゆるやかな規格が存在しているとして纒向型前方後円墳と名付けた（寺沢一九八八）。その名が示すとおり寺沢は、ホケノ山を代表とする一群を古墳として認めるのだが、筆者はそれを弥生墳丘墓と理解するとしたのは上述の通りである。(3) また、これらの墳丘墓には三角縁神獣鏡は副葬されず、画文帯神獣鏡が副葬されることが多い（福永二〇〇一）。画文帯神獣鏡の分布もまた畿内を中心とする。このように卑弥呼の活動期である弥生時代終末期、その死後すぐの様相を示す古墳時代初頭

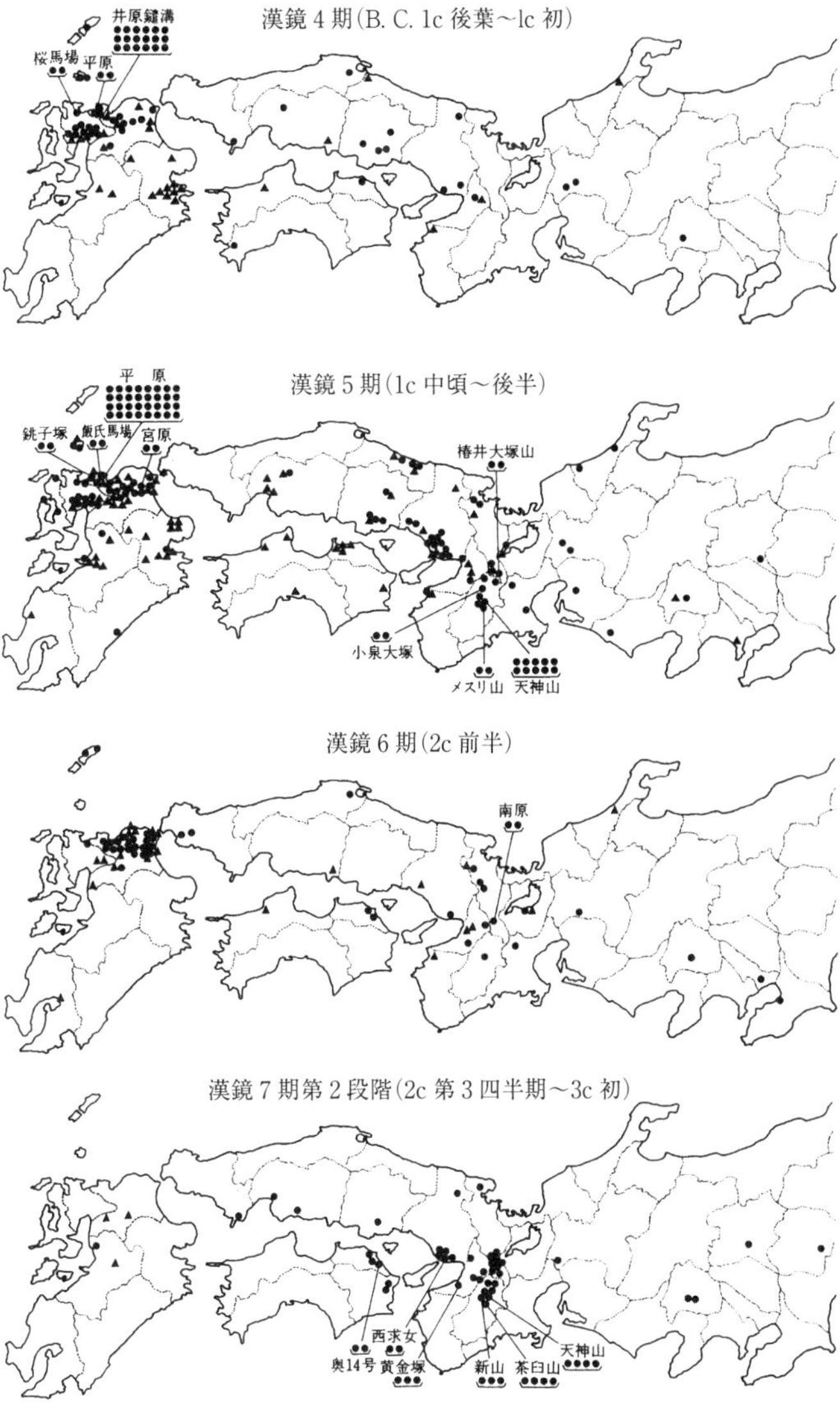


図3　中国鏡分布の移りかわり（岡村 1999 より一部改変）

ともに、墳丘形態と鏡の祭祀を各地の勢力が共有し、なおかつその分布の中心は畿内にあるのである。

魏志倭人伝において、邪馬台国は女王の都する所として描かれている。邪馬台国より「北」の国々には一大率を派遣し、各地の市には大倭という地位の人間を送って監督させたという。邪馬台国と他の三〇ヶ国とは対等ではなく、邪馬台国が政治的に上位にあり、魏王朝との関係からみても代表的な外交権を邪馬台国が握っている様子がわかる。墳墓・鏡から見た中心性からみれば、邪馬台国は畿内にあるのがふさわしいといえよう。伊都国・奴国・末盧国などの弥生時代中期以来栄えた国々を下位に置きつつ、中心性を持つ地域を九州内部で見つけることはできない。突出した規模の墳墓や鏡など威信財の分布の中心をなす地域は九州内には存在しないのである。

**纒向遺跡と邪馬台国**　さらに邪馬台国が三〇ヶ国を従える倭国の中心地であり、女王の都であるならば、大きな拠点的集落が必要である。魏志には卑弥呼の居室をして「宮室楼観城柵厳設常有人持兵守衛」（宮室・楼観・城柵厳かに設け、常に人有り、兵を持して守衛す。）と語り、倭国の習俗を述べるところで「邸閣」と表現するべき建物が存在することを記している。箸墓古墳の周辺に広がる奈良県纒向遺跡は弥生時代後期後半から古墳時代前期まで続く

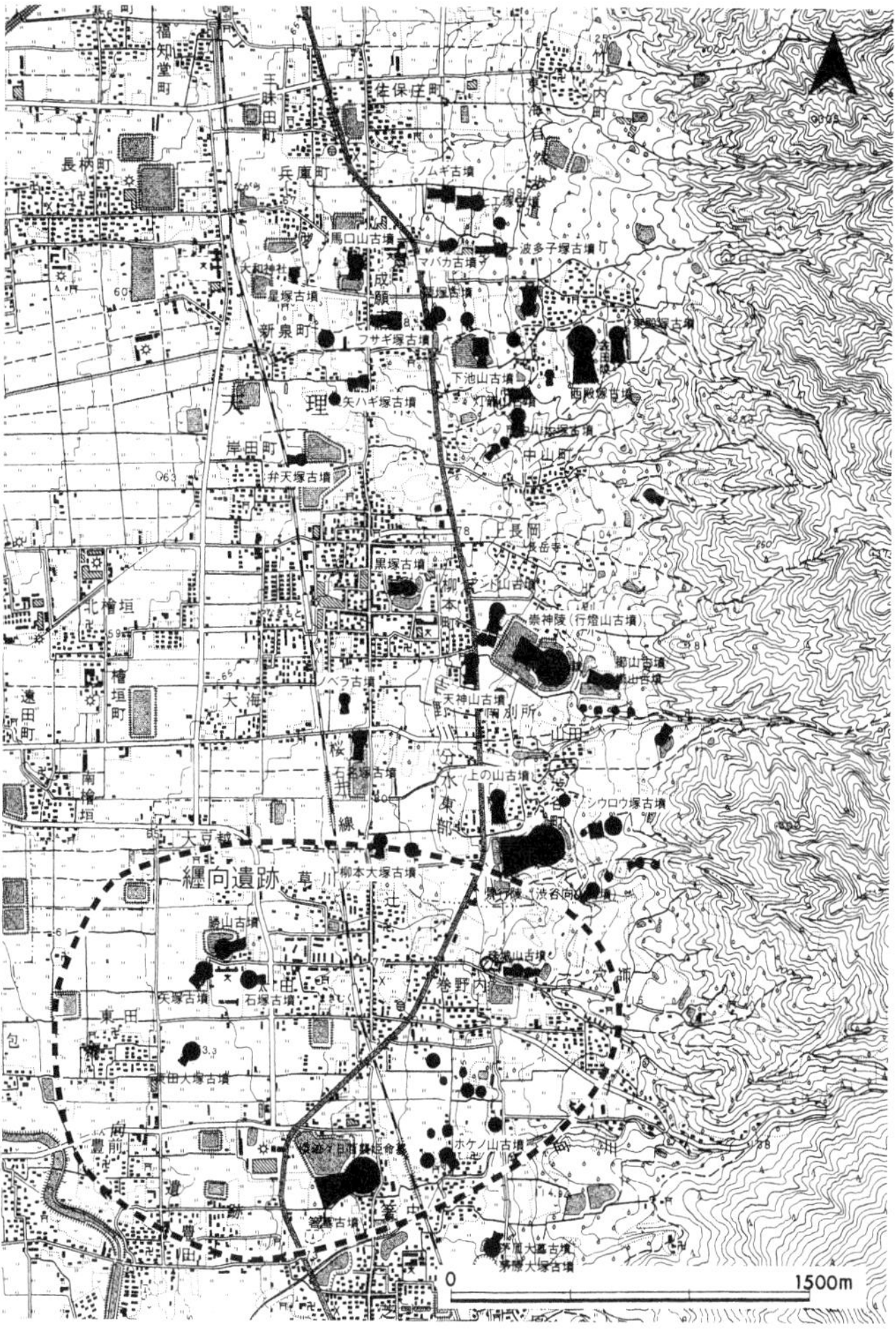


図４　箸墓・ホケノ山・纒向遺跡分布図
（奈良県立橿原考古学研究所）

一大集落遺跡である（図4）。近年、「邸閣」と呼ぶに値する東西に並ぶ建物群が検出された。倭国の拠点とするにふさわしい要素がまた一つ加わった。

九州にも、吉野ヶ里遺跡や比恵・那珂遺跡などの大きな集落が弥生時代終末期やそれ以降も存続するだけでなく（西谷二〇〇九）、博多湾貿易と称される海外交易の拠点となる集落も指摘される（久住二〇〇七）。拠点集落の有無だけでは邪馬台国の所在地を問うことはできない。ただ、纒向遺跡には東海・山陰・山陽・四国など各地の土器が搬入されている事実が知られ（寺沢二〇〇〇）、幅広い交流の存在をみせつけている。諸国の上位に立つ邪馬台国としては、纒向遺跡がよりふさわしいといえるだろう。

## 前方後円墳成立過程と邪馬台国

これまでの議論の繰り返しになるところもあるが、前方後円墳の成立過程そのものも邪馬台国が畿内にあることを支持する。前方後円墳の成立過程解明は二〇世紀後半における古墳時代研究の最も大きな成果の一つであるといえるものである。

弥生時代の墳墓には地域性があることはつとに知られている。弥生時代中期には、畿内から東海・関東では方形周溝墓という形の墳墓を用いる。これは方形に溝を掘削して、溝で囲まれた内側に土を盛って墳丘を形成するタイプの墳墓である。畿内の方形周溝墓は通路を除いて溝がとぎれることなく墳丘を巡るのに対し、東海以東の方形周溝墓は周溝の四隅が切れているという違いを持つ。北部九州は大きな土器を使って埋葬に利用する甕棺が発達し、中国・近畿のとくに日本海側は丘陵の尾根上に方形の墳丘を削り出して作る方形台状墓が作られ始める。ただ、佐賀県吉野ヶ里遺跡墳丘墓などを除けば、弥生時代中期における墳丘規模は総じて小さく一辺一〇m前後の墳丘が主流であった。

弥生時代後期とくにその後半以降になるとこの様相は大きく変化する。各地で規模の大きな墳丘を持つ墳墓が出現する（図5）。山陰ならびに北陸には四角いマウンドの四隅に張り出しのような突出部が付いた四隅突出墓が展開する。大きなもので一辺四〇mを測る。丹後・丹波・但馬では方形台状墓の墳丘が大型となり、あるいは埋葬施設の大型化や副葬品が増えるという厚葬化が認められる。畿内ではホケノ山墳丘墓に代表される前方後円形墳丘墓が出現し、全国の中でも最大規模の墳墓が畿内で認められるようになる。東海から関東では前方後方形墳丘墓が展開する。瀬戸内の吉備では、直径四〇mの円丘部に二つの突出部を持つ、いわば双方中円形を呈する楯築墳丘墓が出現する。その一方で、北部九州では顕著な首長墓が認められず、その勢力が後退したかのような印象を受けるのだ。

この段階までは、各地の首長墓は地域性を有し、かつその墳丘は大型化の道を歩んでいた

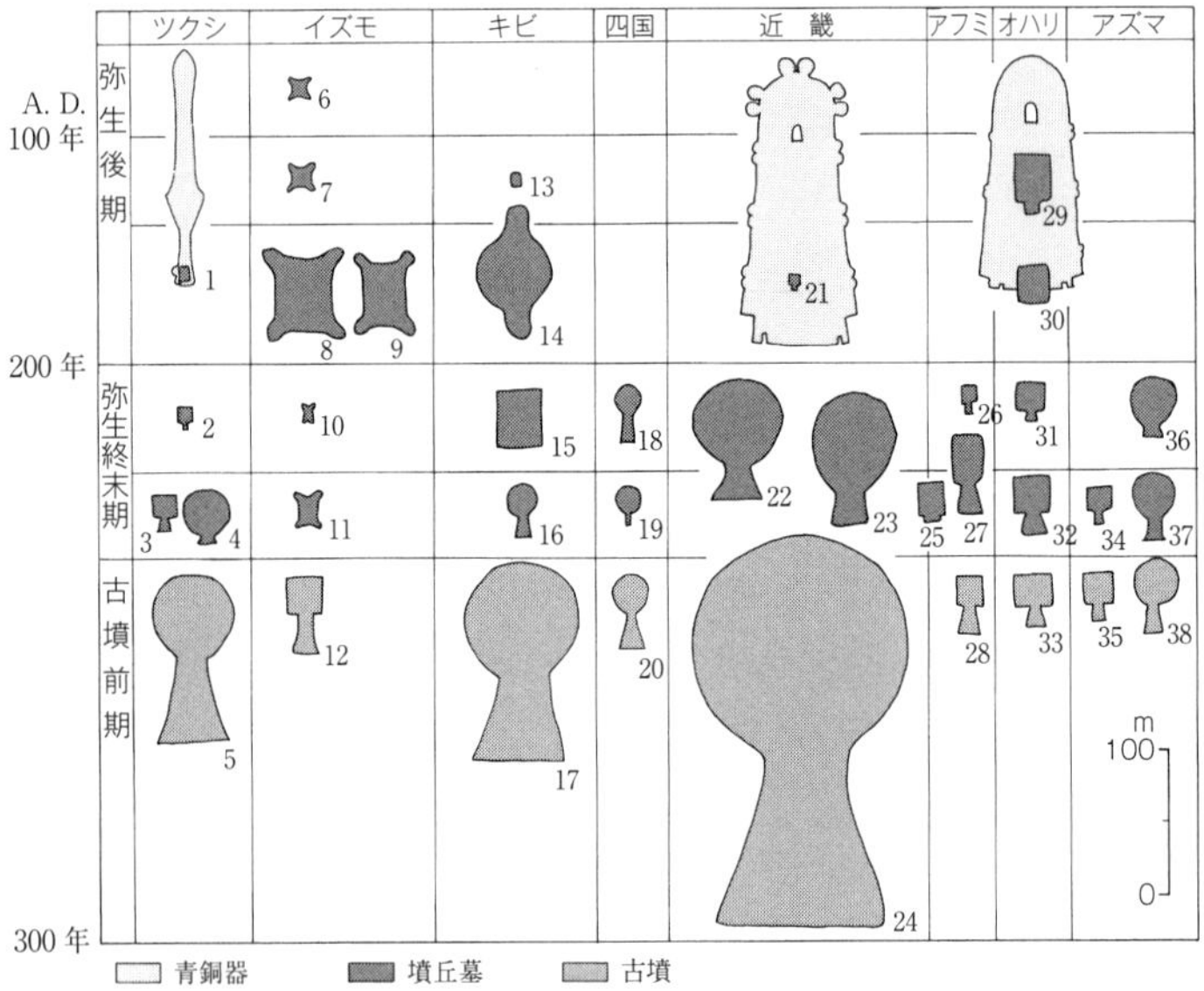


1. 平原　2. 宮ノ前　3. 吉野ヶ里　4. 津古生掛　5. 石塚山　6. 友田　7. 阿弥大寺 3　8. 西桂見 1　9. 西谷 3　10. 間内越 1　11. 大木権現山　12. 松本 3　13. 伊予部山　14. 楯築　15. 鯉喰　16. 宮山　17. 浦間茶臼山　18. 鶴尾 4　19. 萩原 1　20. 爺ヶ松　21. 黒石 10　22. 石塚　23. ホケノ山　24. 箸墓　25. 芝ヶ原　26. 法勝寺　27. 小松　28. 冨波　29. 瑞龍寺　30. 加佐美山　31. 廻間　32. 西上免　33. 象鼻山　34. 高部 32　35. 高部 30　36. 神門 5　37. 神門 4　38. 神門 3

図 5　墳丘墓から古墳への編年図
（国立歴史民俗博物館 1996・安土城考古博物館 2002 より）

といえよう。古墳時代になり、墳丘の大型化はとくに畿内において飛躍的に成し遂げられ、前方後円墳という墳墓形態が全国に展開し、地域性を払拭していくのである（図5）。

こうした前方後円墳の全国的展開に、近藤義郎は各地の首長が擬制的同族関係を結んだと理解し（近藤一九八三）、都出比呂志は各地の首長間に政治秩序が形成されたと考えて、そこに国家成立をみるのである（都出一九九一）。その理解はさておき、地域の統合が進んで各地で個性的な首長墓が生まれ、さらに首長墳の地域色が払拭されて前方後円墳が出現する過程は、百余ヶ国あった国々が邪馬台国時代に三十ヶ国となり、その国々から「共立」されて女王に推戴される卑弥呼の姿に重なってくる。北條芳隆は、前方後円墳という墳墓祭式が各地の墳墓や副葬品の要素を統合して成立したという整理を行っている（北條二〇〇〇）。卑弥呼が国々から「共立」されたのであれば、各地の墳墓要素を統合して生まれた前方後円墳に埋葬されるのがふさわしい。前方後円墳成立地にして規模・数の点からも分布の中心にある畿内こそ彼女の本拠地にして埋葬地であるという本節最初の項目に立ち返ることになる。

**東遷説の是非**　考古学的証拠をみれば邪馬台国が畿内にあることは疑えない。邪馬台国の時代である弥生時代終末期を見れば、九州にその候補となる遺跡は見あたらないばかりか、邪馬台国を指し示す証拠はほとんど無いといえよう。

九州説で唯一可能性が残るのがいわゆる東遷説であろう。もともと邪馬台国は九州にあったものが、その勢力が東方の畿内に移動したという考えである。しかしながら、その考えも基本的に成立しない。九州地方の文化が畿内に影響を与えることは少なく、多くの人が畿内に移住したとは考えがたいからである。

弥生時代終末期の庄内式土器や古墳時代前期の布留式土器など、畿内の土器には吉備や山陰の土器が影響を与えたことが知られる（寺沢一九八六・次山一九九三）が、九州からの影響は認めがたい。土器の移動も畿内の土器は九州へ移動するが、九州から畿内へ土器が移動することはないのである（白石二〇一三）。邪馬台国が九州から畿内へ東遷したのであれば、王族だけでなく数多くの人々を引き連れての移動であったであろう。日常道具とその製作技術を携えての移動であったろうから、邪馬台国が東遷したのであれば九州の土器製作技術が畿内の土器製作に影響を与えたであろうし、故地との交流は盛んに行われたであろうから九州から土器の搬入は頻繁にあったはずである。しかし、そのような証拠はみあたらないのである。このようなことから東遷説も成り立ちがたい。

## 三　まとめ

筆者の弥生時代・古墳時代の時期区分と年代観を示した上で、邪馬台国が畿内にあるとの見解を示した。先にも記したが、九州にその候補となる遺跡はみあたらないばかりか、邪馬台国を指し示す考古学的証拠は九州にほとんど無いといえよう。考古学的には邪馬台国所在地論はすでに解決をみたといって良いのである。

〔注〕

（1）ホケノ山に関しては「古墳」であるとの見解もあり、発掘調査報告書も『ホケノ山古墳の研究』（奈良県立橿原考古学研究所二〇〇八）と命名されている。筆者はこれを墳丘墓と考えるので、報告書の書名によらず「ホケノ山墳丘墓」と呼称する。

（2）年輪年代法については、その分析結果について懐疑的な見解も示されている。（鷲崎二〇一三）

（3）纒向古墳群の一部は、土器から箸墓古墳築造以降である可能性が示されている。（橋本二〇〇六）

［参考文献］
岡村秀典　一九九九『三角縁神獣鏡の時代』吉川弘文館
笠井新也　一九四二「卑弥呼の冢墓と箸墓」『考古学雑誌』三二巻七号：三四四―三六八頁
小林行雄　一九六一『古墳時代の研究』青木書店
近藤義郎　一九七七「古墳以前の墳丘墓」『岡山大学法文学部学術紀要』三七（近藤義郎一九八五『日本考古学研究序説』岩波書店、東京：三四五―三九九頁に再録）
近藤義郎　一九八三『前方後円墳の時代』岩波書店
国立歴史民俗博物館編　一九九六『倭国乱る』朝日新聞社
久住猛雄　二〇〇七「「博多湾貿易」の成立と解体」『考古学研究』第五三巻四号　考古学研究会：二〇―三六頁
滋賀県立安土城考古博物館　二〇〇二『共に一女子を立て――卑弥呼政権の成立――』
白石太一郎　二〇一三『古墳からみた倭国の形成と展開』敬文社
寺沢　薫　一九八六「畿内古式土師器の編年と二、三の問題」『矢部遺跡』奈良県史跡名勝天然記念物調査報告第四九冊　奈良県立橿原考古学研究所：三二七―三九八頁
寺沢　薫　一九八八「考古学と古墳築造」『考古学と技術』同志社大学考古学シリーズⅣ：九九―一一一頁
寺沢　薫　二〇〇〇『王権誕生』講談社
次山　淳　一九九三「布留式土器における精製器種の製作技術」『考古学研究』第四〇巻第二号　考古学研究会：四七―七一頁

都出比呂志　一九九一「日本古代の国家形成論序説―前方後円墳体制の提唱―」『日本史研究』三四三号：五―三九頁
奈良県立橿原考古学研究所編発行　二〇〇八『ホケノ山古墳の研究』
西谷　正　二〇〇九『魏志倭人伝の考古学』学生社
橋本輝彦　二〇〇六「纒向古墳群の調査成果と出土土器」『東田大塚古墳』桜井市内文化財一九九八年度発掘調査報告書１　桜井市文化財協会・桜井市立埋蔵文化財センター
福永伸哉　二〇〇一『邪馬台国から大和政権へ』大阪大学出版会
福永伸哉　二〇〇五『三角縁神獣鏡の研究』大阪大学出版会
北條芳隆　二〇〇〇「前方後円墳と倭王権」『古墳時代像を見なおす』青木書店：七七―一三五頁
鷲崎宏明　二〇一三「年輪年代法の問題点」『日本考古学協会第七九回総会研究発表要旨』日本考古学協会：五四―五五頁

# 2章　王位を継承する男と女

## 一　はじめに

魏志倭人伝に「其国本亦以男子為王住七八十年倭国乱相攻伐暦年乃共立一女子為王名曰卑弥呼」（その国、本また男子を以って王となし、住まること七、八十年。倭国乱れ、相攻伐すること暦年、乃ち共に一女子を立てて王となす。名づけて卑弥呼という。）とあり、卑弥呼以前には男王が擁立されていることがわかる。さらに卑弥呼の後には「卑弥呼以死（中略）更立男王国中不服更相誅殺當時殺千餘人復立卑弥呼宗女壹与年十三為王」（卑弥呼以て死す。（中略）更に男王を立てしも、国中服せず。更〻相誅殺し、当時千余人を殺す。また卑弥呼の宗女台与年十三なるを立てて王となす。）とあり、再び男王を立てるが、争乱が起きたので卑弥呼の宗女である台与が王位についたという。

卑弥呼擁立以前の男王とは、『後漢書』倭伝にある「安帝永初元年（西暦一〇七年）」に後漢に遣いを送った倭国王帥升を指すとの理解がある。北宋版『通典』には「倭面土國王帥升」とあって、「倭面土」を「ヤマト」と訓じ、後の邪馬台国につながるという内藤湖南（内藤一九一一）の説がある一方、帥升は伊都国の王ではないかという見解もあって、説は定まっていない（白鳥一九四八・一九四九・直木二〇〇八・仁藤二〇〇九など）。前者であれば邪馬台国は二世紀初頭から男王が存在し、後者が正しいとすると、邪馬台国で代々男王が王位を継承したことにはならない。その一方で卑弥呼の死後に男王が即位することが当然のような書きぶりで魏志には記載され、その後内乱が起きるという非常事態の中で女王台与が擁立されることが記される。

このことから、魏志倭人伝によれば、倭国では男王が基本であり、女王が立てられることもあるがそれは続かなかったように読み取れる。ただ、父系的継承を当然とする中国の常識に沿ってそのように記されている可能性もあろう。倭において女王が一般的な存在なのか、男王が原則なのかを知る手がかりはないのであろうか。新たな文献史料が出てこない以上、その追求の役目は考古学が担うべきである。

そこで本章では考古学的資料から首長層における男性と女性の上下関係を問い、そこからどちらの性が王位に就くことが一般的であるのか、あるいは両性が王位に就くことがあり得るのかを明らかにする。王位の継承と性別の関係を知る考古学的手がかりは、墳墓にあるいや墳墓しかないというべきかもしれない。考古学では、人物埴輪や土偶といった人形や石棒などを除けば、人間の性別を感じさせる資料は意外に少ないのである。

墳墓には男性が葬られることもあれば、女性が葬られることもある。一つの墳墓には複数の被葬者が埋葬されるケースもあり、あるいは集団墓には老若男女がともに葬られることもある。こうした墳墓や墓域での男女の関係を明らかにしていけば、生前の男女の位置づけを知ることができる。墳墓には大小があり、貴重な副葬品を持つ埋葬もあって、それらは生前における被葬者の地位を示していると考えられる。すなわち階層の上下が示される中で、男女の地位を追うことが墳墓からできるのである。

## 二　被葬者のプロファイリング

## ①人骨と被葬者の性別

### 意外に残らない人骨

そのようなわけで墳墓における男女の埋葬のあり方から、王位継承を問う。しかし、埋葬施設に男女どちらが埋葬されているかを知るには困難な点もある。墳墓を発掘しても被葬者の性別や年齢は不明なことが多い。発掘調査の現地説明会に行って墳墓の被葬者の名前を聞いてみても、発掘担当者からは「わかりません」という返事がくることがほとんどであり、それどころか被葬者の性別や年齢、ひととなりなどはさっぱりわからないことが通例である。それもそのはず、日本では被葬者の名前を書いた墓誌が埋められること自体が少なく、仮にそうしたものがあったとしても飛鳥時代（七世紀）以降である。被葬者の遺体自体も長い時の間で分解されて、痕跡をまったく残さないことが多い。日本は湿潤な気候で酸性土壌を中心としているからで、こうした環境の中で遺体は骨まで分解されてしまうのである。それでも石棺や土器棺など腐らない材質の棺があれば、そこに人が葬られたという事実はわかるものの、木棺の場合はそれ自体が分解されてしまうので、棺を埋めるために掘った長方形の穴（墓壙）や棺が土に置き換わった痕跡だけがみつかることも多いのだ。

## 骨から被葬者を探る

しかし、中には骨が分解されずに残る場合もある。そのような場合は遺存した骨から被葬者の性別や年齢を知ることができる。遺跡から出土する古人骨は、土器や石器と同じく本当は考古学者が鑑定や分析を行うべきものであるが、多くの場合は自然人類学か法医学・解剖学の研究者がそれらを担ってきた。

日本の大学は文系・理系の区別がはっきりしており、考古学は文学部の中にあることが多く、自然人類学は理学部あるいは医学部の解剖関係に所属することが主である。どちらかというと理系に属する自然人類学に考古学専攻の学生は触れる機会は少ないのだ。欧米の考古学事情に詳しい方に伺うと、これは日本独特の現象のようで、欧米では文系・理系の垣根が低いだけでなく、考古学のカリキュラムの中には自然人類学の講義が当然のように含まれるのだそうだ。

筆者は文学部出身なので、ご多分に漏れず自然人類学の素養はなかった。だから私が自然人類学の勉強を始めた時はけっこうたいへんだった。文系向けの自然人類学の教科書もなく、医学部や理学部に知り合いもいないので、かかりつけの歯科医に診療時間中に電話をして解剖学の本を尋ねたり、たった一回しか会ったことのない自然人類学の先生の研究室へ教えを乞いに行ったこともある。今から考えるとけっこう大胆なことをしていた。

今では骨考古学という分野ができるくらい、考古学の側から人骨を研究する人が増え、片山一九九〇、馬場編一九九八、谷畑・鈴木二〇〇四などの考古学者向けの自然人類学入門書も出版されているので隔世の感がある。入門書がすぐ手に入る環境にある今の学生がうらやましいなあ、とすら思う。人骨の観察法については上記文献で勉強してもらうと良いが、本書で問題となる被葬者の性別と年齢については上記の文献を参考にしつつ以下で若干の解説をしておこう。

## 骨から性別を探る

性別に関していうと、第二次性徴期以降でないと性別の判断が難しい。男女の体つきが明瞭に分かれるのは思春期を過ぎてからである。これは誰しも経験があろう。未成人骨の性別を判別する努力は続けられているが、なかなか難しいところがあるようである。人間の骨はおおよそ二〇〇のパーツからできているが、性別がよくわかる部位は頭蓋骨と寛骨である。要は頭と骨盤である。とくに骨盤は出産に直接関わる部位なので、男女の違いがかなり明確に表れるとされる（図6）。

性別の特徴をおおよそ示しておくと、女性の骨盤は子供を宿して出産する必要があるので、胎児を抱くように横に広がり高さが低い。胎児が出てくる時のための空間が必要だから、恥骨下角は九〇度を超えることもある。骨盤の後の方にある大座骨切痕という部位の角度も男性に比べ広い。男性の骨盤は女性の逆を行く。総じて女性よりも大きく、高い。恥骨下角も小さい。また後述するが、妊娠あるいは出産を経験した女性の骨盤には妊娠痕という痕跡がついている。妊娠・出産は女性に限られる現象だから、妊娠痕をもつ人骨も女性だと判断することができる。

頭蓋骨も女性は総じて男性よりも小ぶりで華奢な感じがする。額は丸い感じがして優しいイメージがすると女性のことが多い。額の部分がやや丸く隆起していることがある（前頭結節という）。男性の額は隆起がなく平たい。人によっては横から見ると急な傾斜をしていることすらある。眉の部分が隆起してごつごつした感じがする頭蓋骨も男性が多い（眉上隆起という）。さらに女性の頭蓋骨は筋肉の付着する部位が発達していないことが多い。外後頭隆起や乳様突起などでは、女性のそれは小さく、外後頭隆起にいたっては隆起がほとんど目立たないことすらある。

頭と骨盤以外でも腕の骨や足の骨などの大きさなどで性別がわかることもある。総じて男性の方が大きく、筋肉が発達していることが多いのでそこから男女の区別がつくことがある。筋肉が発達すると、筋肉がつく部分が発達する。そのような痕跡が認められると男の可能性が出てくる。しかし、歌手の和田アキ子さんのように大柄の女性もいるし、筋骨たくましい

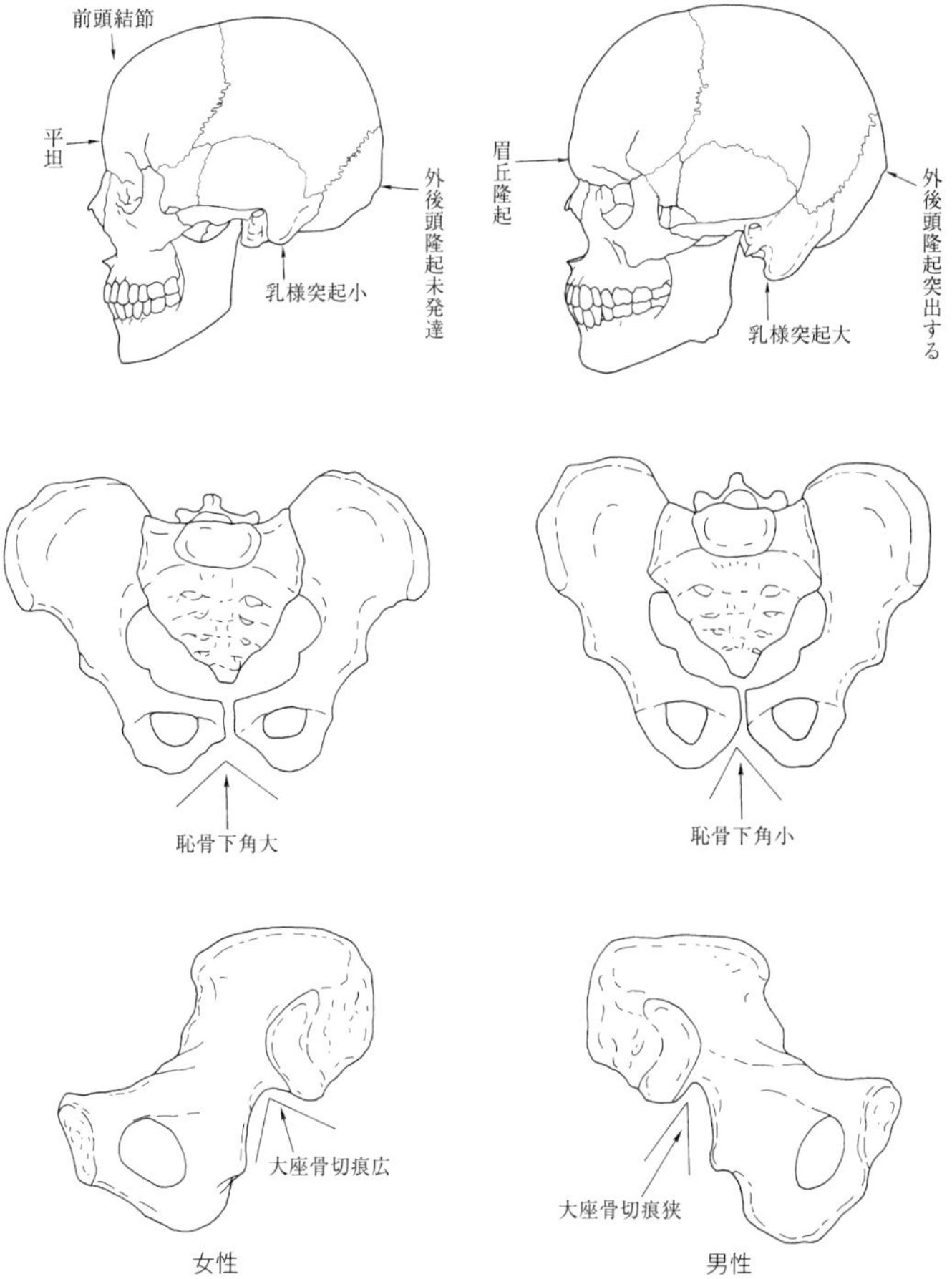


**図6　男女の頭骨と寛骨**（谷畑・鈴木 2004 より一部改変）

女子プロレスラーをみると、彼女たちが骨になった時のことを考えるとやや心許ない。

## 骨から年齢を探る

「齢」の字に「歯」が含まれていることからわかるように、歯は年齢判定の重要な部位である。子供を持つ人や育てた経験のある人は、子供に乳歯が生え、抜けることに一喜一憂した記憶があるだろう。歯は一定の年齢で決まった順番で生えてきて、生え替わる。人によっては生えてこないことのある親知らずを除くと、いわゆる永久歯が生えそろうのは一二歳前後である。それまでは歯の生え方で一〜二歳刻みの年齢判定が可能である。それ以降は、歯のすり減り方を参考にする。年を重ねて使用すればするほど歯は摩耗する。摩耗の激しい歯が多いと年齢を重ねていると考えるわけだ。

ただ、推定される年齢は幅を持たせる必要があるし、歯のすり減り方は食事の内容や風習の影響で変わってくるから注意が必要がある。歯ごたえのある固い食事を常時とっていると、歯の摩耗は激しくなる。食料をきちんと洗わず料理に砂が混じっているとその摩耗の速度はさらに速くなるだろう。現代人は柔らかい食事を多くとるから、歯のすり減り方は古代人より遅いと思われる。歯のすり減り方は、文化・地域・時期差あるいは個体差が大きいので注意が必要ということだ。

歯以外では、骨の癒合や老化現象が年齢判定の根拠となる。骨の癒合とは、たとえば四肢骨、つまり手足の骨は中央部分である骨幹とその両端の関節部分である骨端から構成される。二〇代以前は骨幹と骨端の間には軟骨が介在しているのだが、成長が終わると骨幹と骨端は一つに繋がってしまう。これを癒合といって、骨の部位によって癒合する年齢がおおよそわかっている。これを利用して年齢を推定する。

また、年を重ねると、頭蓋骨の縫合線が消失していく。頭蓋骨は多くの骨から構成され、そのパーツとパーツが繋がる部分が線になってみえている。骨と骨の間にあるギザギザの線がそれだ。これを縫合線というが、年をとるとこの線が消失してしまう。これ以外にも恥骨結合面の変化なども年齢判定に用いられる。いずれにしても、未成年の時は細かな差異がみて取れるが、成人後は推定年齢の幅が広がってしまう。古人骨の年齢判定では以下のような年齢区分が行われている（谷畑・鈴木二〇〇四）。

乳児（〇―一歳未満）
幼児（一―五歳）
小児（六―一五歳）
成年（一六―二〇歳）
壮年（二〇―三九歳）

熟年（四〇—五九歳）
老年（六〇歳以上）

ただ、先述のように成年期以降は、かなり幅をもっての推定になるので、たとえば壮年と熟年の間が四〇歳できっちり区分されるものではない。あくまで目安と考えるべきだろう。

## ②弥生時代における副葬品と被葬者の性別

**現代的感覚は禁物**　以上のように人骨がある程度残っていれば、被葬者の性別も判断することができる。しかし、人骨の遺存は偶然に左右され、分析したいと考える墳墓に人骨が遺存しているとは限らない。人骨が遺存していなくても、被葬者の性別を知る手がかりはないものか。古くから副葬品によって被葬者の性別を判断することが試みられていた。それぞれの性別に特有の副葬品を探して、そこから被葬者の性別を考えようというものだ。

ところが過去に行われたこうした試みは、現代的な思い込みで判断されることが多かった。たとえば、装飾品が多い埋葬施設には女性が葬られているとか、武器が副葬されていれば被葬者は男性だと考えるたぐいである。一部には正しい指摘もあったが、装飾品＝女性、武器＝男性などという図式は証明が行われていたわけではなかった。

原始・古代の習俗を復元する際に現代的感覚に基づく推論にどれだけ意味があるか、筆者は疑問を感じずにはいられない。しかも、装飾品で身体を飾るのは女性だけであるなどというのは、現代でもかなりの偏見だと思うが、いかがだろうか。男性に対しても女性に対しても失礼な話だ。そもそも歴史はその中身がわからないから研究するのであって、現代的感覚や常識が通用するなら歴史研究そのものを行う意味がないではないか。

日本では古代から服飾は中性的で、男女の服装が類似することは武田佐知子が指摘するところである（武田一九九八）。現代における男女の服装の使い分けや、装飾品が女性に偏りがちであるとするならば、それらは日本史の中では例外的である可能性すらあるのだ。

## 貝輪と性別

そのような中で唯一、貝輪の研究においてのみ、その種類と男女の使い分けの区別が明確化されていたといえよう（図7）。

弥生時代中期を中心とする時期におもに九州で使用された南海産貝製腕輪は、その種類によって着装する人物の性別が異なっていた。サルボウガイやベンケイガイなどの二枚貝製の腕輪は女性のみ着用される。イモ貝製横切腕輪はすべて女性に着装されており、被葬者の両腕ないしは左腕にのみ着装され、ゴホウラ貝製腕輪は男性の右腕に着装されることが原則とされていた（高倉一九七五）。ほかにもオオツタノハやカサガイの単殻類巻貝製腕輪は男性にも着装されるものの主として女性に着装されるという（高倉一九七五）。こうした腕輪の種類から被葬者の性別を明らかにすることが、まずできる。

## 副葬品と被葬者の性別

貝輪を副葬する地域は北部九州から山口県あたりに限られていて、被葬者の性別を判定する材料としては汎用性が高くない。そのほかに被葬者の性別を探る材料はないだろうか。そこで筆者は、人骨と副葬品が共に存在する埋葬施設を集成し、副葬品目と被葬者の性別にどのような関係があるかを検討してみた。これまでにも会下和宏（会下二〇〇〇）や田中良之（田中良一九九一）らがこうした分析を行っていたが、会下も田中も提示した資料が少ないという問題があった。そこで筆者は副葬品を持つ人骨資料をより充実させて、副葬品と被葬者の性別の対応

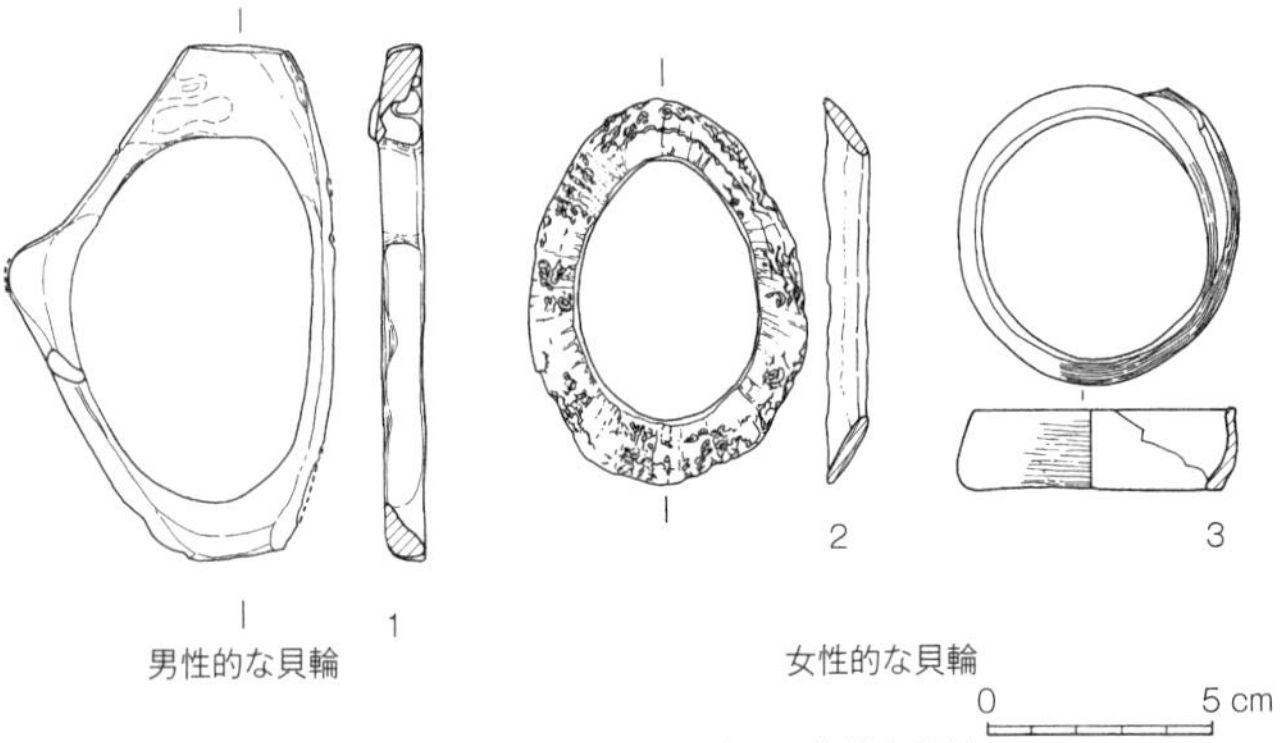


1. ゴホウラ縦切の貝輪（立岩遺跡）　2. オオツタノハ製の貝輪（大友遺跡）
3. イモガイ横切の貝輪（立岩遺跡）

図７　弥生時代の貝輪と性別

関係を調べてみたのであった（清家二〇〇五）。

その結果が図8のグラフである。縦軸に人骨を出土した埋葬施設数、横軸に副葬品の種類を示している。男性の人骨を出した埋葬施設は斜格子のアミで示し、女性の場合は白ヌキで示している。男性人骨とともに出土する数が多いと斜格子アミの部分が多くなり、女性人骨とともに出土する数が多いと白の部分が多くなる。

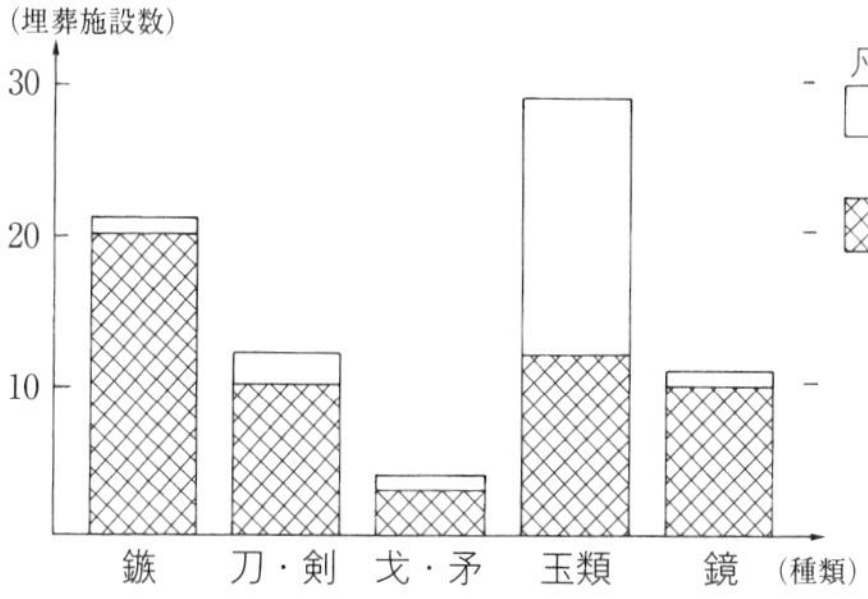

図8　弥生時代における副葬品の種類と性別

その結果をみるならば、最も大きな特徴は、女性に対し武器副葬が少ないことである。鏃（矢じり）・刀剣の副葬は男性にきわめて偏っていることがわかる。女性人骨に武器が伴う例はわずかに四例しかないのである（表2）。さらに、これらもよく観察すると武器副葬とはいえないケースがほとんどである。例えば奈良県四分遺跡例は、土壙に男性人骨と女性人骨が頭を互いの足下方向において埋葬されていた（対置埋葬という）。ここから石鏃が出土しているが、これらの石鏃は殺傷時に射込まれた可能性を持つ（片山ほか一九九八）。すなわち四分遺跡例では石鏃は副葬品ではなく、死因となった凶器だった可能性がある。また、福岡県前田山遺跡5号石蓋土壙墓で女性人骨とともに出土した素環刀（柄の部分に輪がついた刀）は長さ二一㎝と短い。武器よりも工具、つまり刀というよりは刀子、現代風にいえばナイフとして機能していた可能性がある。じっさい、前田山遺跡の調査報告書では素環頭刀子として報告されている。これらを差し引くと女性人骨に伴う鏃副葬は皆無となり、刀剣副葬も一例だけとなる。

また佐賀県二塚山四六号甕棺の女性被葬者に鉄戈が副葬されている例も、被葬者のそばに副葬品が置かれる棺内副葬ではなく棺の外の副葬であることも注意したい。棺外副葬についてては後に触れるが、棺外の武器副葬は生前に使用した武器というよりも、棺内の遺体に邪霊がとりつくことを防ぐ魔除けの武器である可能性がある。このようにみてくると武器副葬は基本的に女性に行われることはほとんどなく、武器が副葬されるのは男性に限定されるということがいえよう。

次に玉類についてみてみよう。図8をみると、玉類は男女の区別なく副葬されていることがわかる。玉類の副葬を以て被葬者が女性であると即断するのは危険である。副葬される玉類が大量の場合はいかがであろうか。玉類を二〇個以上に限定した場合であっても、兵庫県

## 表２　弥生人骨と武器の供伴関係

| 人骨名 | 年齢 | 性別 | 埋葬施設 | 副葬品の種類 | 備考 |
|---|---|---|---|---|---|
| 大阪府瓜生堂遺跡 15 号墓 1 号土壙 | 成人 | (♂) | 土壙墓 | 石鏃 2 | |
| 大阪府亀井遺跡 SX01－1 号主体 | 成年 | (♂) | 木棺 | 石鏃？1 左側頭部刺さる？ | |
| 大阪府亀井遺跡 SX01－6 号主体 | 成～壮年前半 | (♂) | 木棺 | 石鏃 | |
| 大阪府亀井遺跡 SX02－2 号主体 | 熟年 | ♂ | 木棺 | 石鏃 | |
| 大阪府山賀遺跡（その 3）9 号墓 | 成～壮年 | ♂ | 木棺 | 石鏃 4・剝片 1 | |
| 大阪府久宝寺遺跡木棺 2 | 成年 | ♂ | 木棺 | 石鏃 1(頭蓋骨に貼り付く) | |
| 兵庫県新方遺跡 1 号人骨 | 壮年 | ♂ | 土壙墓 | 石鏃 1・壺 1 | |
| 兵庫県新方遺跡 3 号人骨 | 壮年～熟年 | ♂ | 土壙墓 | 石鏃 17 | |
| 兵庫県新方遺跡 12 号墓 | 壮年前半 | ♂ | 土壙墓 | 石鏃 1・指輪 6 | |
| 兵庫県新方遺跡 13 号墓 | 熟年 | (♂) | 土壙墓 | 石鏃 2・イノシシ牙 | |
| 奈良県四分遺跡 SX8820 | 成年 | ♀ | 土壙墓 | 石鏃（生前打ち込まれた） | （複数埋葬） |
| 山口県中の浜遺跡 ST903 | 熟年 | ♂ | 箱形石棺 | 石鏃 1 | |
| 山口県土井ヶ浜遺跡 114 号人骨 | 熟年 | ♂ | 土壙墓 | 石鏃 11・鮫の歯鏃 2・貝輪 2 | |
| 山口県土井ヶ浜遺跡 123 号人骨 | 成年 | ♂ | 土壙墓 | 石鏃 | |
| 山口県土井ヶ浜遺跡 124 号人骨 | 熟年 | ♂ | 土壙墓 | 石鏃・貝輪・骨鏃 | |
| 福岡県西新町遺跡 K 19 号棺 | 成人 | ♂ | 甕棺 | 銅剣の切っ先 | |
| 福岡県立岩遺跡運動場第 5 号甕棺 | （壮年） | (♂) | 甕棺 | 貝輪 12・鉄剣 1 | |
| 福岡県立岩遺跡 34 号甕棺 | 成年 | ♂ | 甕棺 | 前漢鏡 1・鉄戈 1・貝輪 14 | |
| 福岡県立岩遺跡 35 号甕棺 | 成年 | ♂ | 甕棺 | 前漢鏡 1・鉄戈 1・鉄剣 1 | |
| 福岡県立岩遺跡 36 号甕棺 | 熟年 | ♂ | 甕棺 | 刀子 1・鉄矛 1・ヤリガンナ 1 | |
| 福岡県立岩遺跡 39 号甕棺 | 熟年 | ♂ | 甕棺 | 前漢鏡 1・鉄剣 1 | |
| 福岡県金隈遺跡 K103 号甕棺 | 成年 | ♂ | 甕棺 | 石剣 1・貝輪 2 | |
| 福岡県前田山遺跡 5 号石蓋土壙墓 | 熟年 | ♀ | 石蓋土壙墓 | 素環刀 1 | |
| 福岡県上月隈遺跡 ST007 | ？ | ♂ | 甕棺 | 中細銅剣 1・ガラス管玉 20+ | |
| 大分県吹上遺跡 4 号甕棺 | 熟年 | ♂ | 甕棺 | 細形銅戈・ガラス管玉 490・翡翠勾玉 1・貝輪 15 | |
| 佐賀県三津永田遺跡 104 号甕棺 | 熟年 | ♂ | 甕棺 | 鏡 1・素環頭大刀 | |
| 佐賀県大友遺跡 1 号石棺 | 壮年 | ♀ | 石棺 | 磨製石剣 1 | |
| 佐賀県二塚山遺跡 13 号甕棺 | ？ | ♂ | 甕棺 | 磨製石鏃 1 | |
| 佐賀県二塚山遺跡 46 号甕棺 | 熟年 | ♀ | 甕棺 | 鉄矛 1・渦文鏡 1 | |
| 佐賀県吉野ヶ里遺跡 SJ1006 甕棺 | 壮年 | ♂ | 甕棺 | 細形銅剣 | |
| 佐賀県吉野ヶ里遺跡 SJ1007 甕棺 | 壮年 | ♂ | 甕棺 | 細形銅剣 | |

・年齢性別で（　）付きの個体は、鑑定部位が少なく、確実でないものを示す。鑑定は報文による。
・アミをかけた個体が女性人骨である。

田能遺跡一六号墓例（碧玉製管玉六三二個）、福岡県上月隈遺跡例（ガラス製管玉二〇個）などのように男性が葬られる事例がある。また、人骨は遺存していなかったが、吉野ヶ里遺跡SJ一〇〇二甕棺にはガラス製管玉七九点と共に細形銅剣が一本副葬されていた。

剣の副葬は男性にほぼ限定されるという右の指摘が正しいとすると、ここにも男性が葬られた可能性が考えられる。ただ、割合からいえば大量の玉類が副葬される男性は少数派に属する。玉類が多く副葬され、武器が副葬されないという条件をさらに加えれば、被葬者は女性である場合が多いともいえる。ただ、そうした条件に当てはまる事例が四例しかないので、資料の増加を待って判断すべきであろう。

まとめると、ゴホウラ製貝輪あるいは武器副葬が行われる場合の被葬者は男性であり、イモガイ製横切貝輪を用いるのは女性に限られるということになる。鏡や玉類は性別を判定する材料にはならないということだ。

## 三　卑弥呼登場前史――弥生時代の首長層と男女

## ①弥生時代中期における女性の地位

### イ．北部九州の男女

それでは弥生社会における女性の地位について墳墓から考えていくことにしよう。一口に弥生社会といっても、地域と時代によってその社会構造が異なると指摘されている。墳墓をとってみても大きな地域性が存在するし、弥生時代中期以前と後期でも大きな違いが存在する。時期と地域を区切ってみていくことにしよう。

まず弥生時代中期の首長層における男女の関係についてみてみることにしよう。首長層の埋葬と考えられる資料を個別に検討していく。弥生時代後期以前は大型の墳丘を持つ墳丘墓が少ない。そのため、突出した質と量の副葬品を持つ墳墓が、墳丘墓とともに首長層の墓であると評価される。こうした首長層の墳墓における男女の関係について検討を加えてみる。

**三雲遺跡南小路地区**　福岡県糸島市前原にあるこの遺跡は、江戸時代に発見された。大型甕棺から多数の鏡や銅剣が出土した。その中には残念ながら失われたものもあるが、黒田藩の国学者・青柳種信が出土遺物を記録して『柳園古器略考』にまとめているので、内容が明らかとなっている。一九七四年になって遺跡の調査が行われ、江戸時代に発見された甕棺

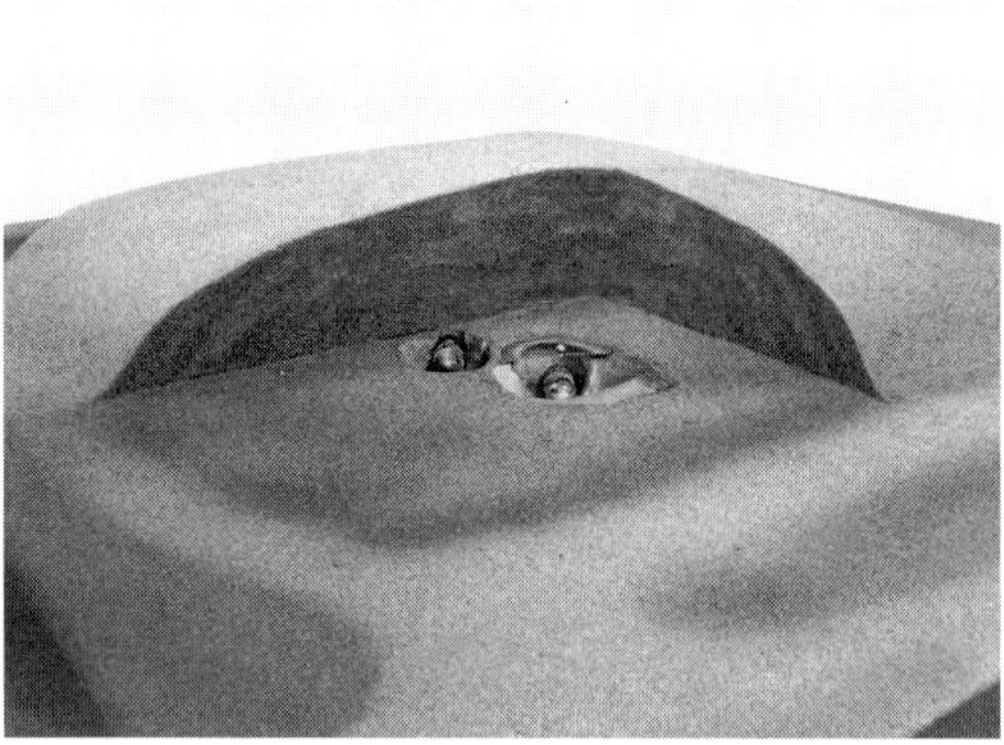

図9　三雲遺跡墳丘復元模型（伊都国歴史博物館提供）

の場所が特定されるとともに、隣からもう一基甕棺が発見された（図9）。「糸島」の地名からもわかるように、伊都国の地にあって豊富で貴重な副葬品の存在から古くから伊都国王墓と評価されている。

話はそれるが、「王」「首長」という称号について整理しておきたい。魏志倭人伝によれば、伊都国に「世〃有王」と代々の「王」がいることになっている。また、『後漢書』倭伝によれば奴国が使いを送り、奴国王の金印をもらったことが記され、志賀島から出土した「漢委奴国王」の金印がそれにあたるとされている。これらの場合の「王」という称号は、中国王朝から蕃国の王として承認されているわけであり、歴史的に意味がある。卑弥呼の「親魏倭王」も同様である。しかし、大きな勢力を持った地域のリーダーがすべて中国王朝から承認を受けているわけではないので、中国正史にでてこない地域のリーダーについて「王」と呼ぶことはばかられる。そうした地域の場合、幾人かの研究者は「オウ」とカタカナ書きにして記載することもあるが、学術的に意味がある概念とはいえない。

「首長」という語も一筋縄ではいかない。人類学でいう「首長制社会」の定義に基づいた「首長」として認識される場合もあるが、たんなる地域のリーダーを「首長」とよぶ場合もあるからだ。首長制社会とはなんぞやということに踏み込むと多くの紙数をさくのでここでは深入りしない。

ただ、筆者は弥生時代中期以降の社会は、「首長制社会」に突入していると考えるので、この時代における地域のリーダーを「首長」とよぶことに問題はないと考えている。地域のリーダーを首長とよび、首長を輩出する階層を首長層、あるいはエリート層とよぶことにする。

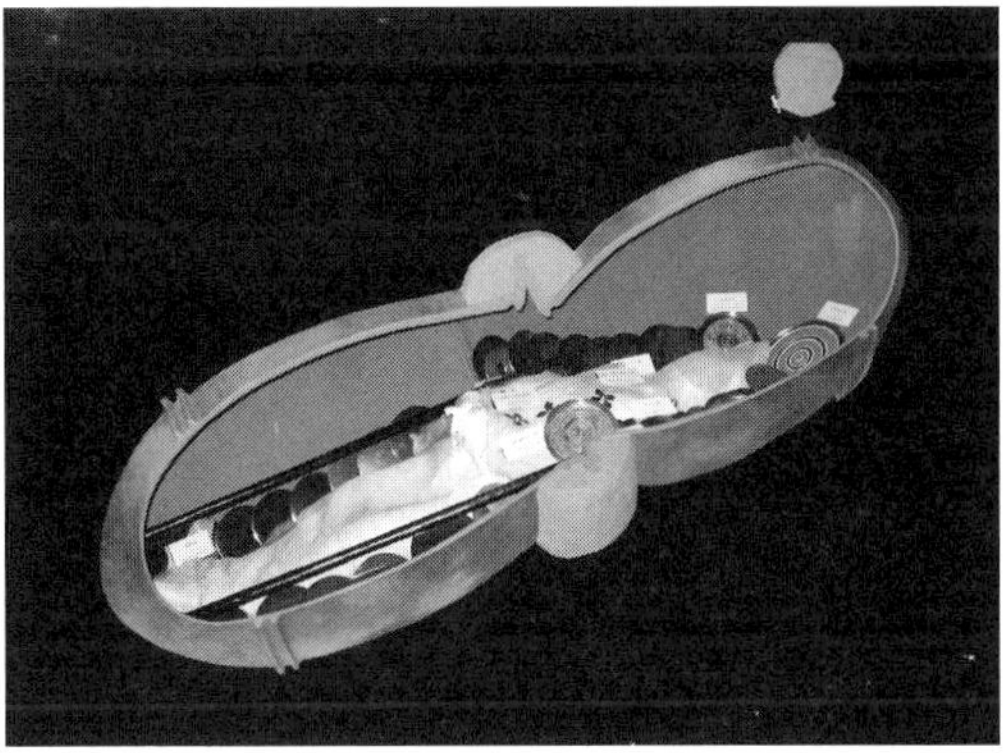

図 10　三雲遺跡 1 号甕棺復元
（伊都国歴史博物館提供）

話を三雲遺跡に戻そう。発見された二基の甕棺のうち、江戸時代に発見された1号甕棺からは、前漢

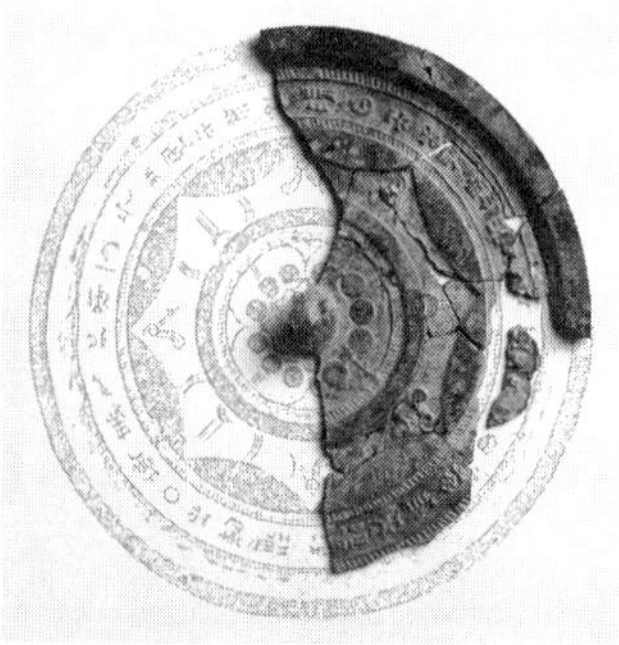

１号棺から出土した連弧文精白鏡

２号棺から出土した連弧文日光鏡

**図11　三雲遺跡から出土した鏡**（九州歴史資料館蔵）

鏡三一面以上・細形銅矛・中細形銅矛・有柄中細形銅剣・中細形銅戈・ガラス璧・ガラス玉などが副葬されていた（図10）。一方、２号甕棺には、前漢鏡二二面以上・硬玉勾玉一・ガラス勾玉一二・ガラス垂飾が出土した。甕棺はともに立岩式とされ、東西三二m・南北二二mの墓域を持つという（図９）（柳田一九八五：p．二〇五）。１号甕棺の方が鏡の面数・面径ほか、甕棺の規模などで優位にある。

人骨は遺存していなかったので、人骨から被葬者の性別を問うことはできないが、柳田康雄や高倉洋彰は、1号甕棺には武器と大型鏡が副葬されているので男性が、２号甕棺には武器が副葬されずに鏡と装飾品のみが副葬されているので女性が葬られたという説を示し（柳田一九八五、高倉一九九三）、この見解は広く受けいれられている（岡村一九九九、寺沢二〇〇〇など）。

先述したように武器は女性に少なく、男性に副葬される傾向がある。1号甕棺の被葬者が男性である可能性は高いと思われる。2号甕棺に武器が副葬されず、鏡以外に多量の玉類と装飾品が副葬されていることは、先に検討したとおり被葬者が女性である可能性を示すものの、決定的ではない。ただ、2号棺の被葬者が女性であると認められた場合でも、男女が首長権を行使する中で、男性が優位に立ち、女性が下位にいることは注意すべきである。三雲遺跡では、女性が首長権の一角を担っていたとしても、男性が代表的地位にあった。つまりは男性が伊都国の首長であったのである。

**須玖岡本遺跡**　福岡県春日市に所在する。春日丘陵では何百もの甕棺墓が検出されているが、一八九九（明治三二）年に発見された甕棺墓はその中でも傑出した存在である。家屋建設時にみつかり、須玖岡本遺跡D地点として知られる[1]。正式な調査でみつかったものでないため不明な点も多いが、その内容は弥生時代の首長墓の中でも特筆される。長さ三・三m・幅一・八m・厚さ三〇cmの石と高さ一・二m・幅一・三五m・厚さ四五cmという二つの大石の下〇・九m（三尺）に合せ口の甕棺があり、そこから前漢鏡が約三〇面出土したのである。

副葬品数については諸説あるがここでは高倉洋彰の理解に従っておくと、鏡二七面以上と銅剣・銅矛・銅戈の青銅製武器が一〇口前後・ガラス璧・ガラス勾玉・管玉が出土したとされる（高倉一九九五）。他の多数の甕棺からやや離れて単独に存在し、大石の下に埋設された甕棺は、奴国の王墓とされる。

この甕棺墓の北西側三〇〜五〇ｍの地点からも鏡や銅剣などを出土する甕棺が存在するが、それらの甕棺は群集した状態であり、副葬品がある場合でも一〜二点である。D地点の甕棺が傑出した存在であることがわかろうというものだ。

D地点甕棺において人骨の出土は知られていないが、青銅製武器の副葬から男性である可能性が高い。

**安徳台遺跡**　鏡こそ副葬されないが、安徳台遺跡の甕棺墓群は首長層の面白い情報を提供している。この遺跡は福岡県筑紫郡那珂川町に所在する弥生時代中期後半の遺跡である。大きな台地の上に展開する遺跡で、墓地以外にも大きな集落が展開していることが推測されている。

甕棺墓は台地の北端にあり、一〇基の甕棺が密集して検出されている（図12）。遺跡の確認調査であったので、八基の甕棺が調査された。八基の甕棺中五基に人骨が遺存していた。内四人は男性で一体は女性と鑑定されている。未調査の甕棺や人骨が遺存しない甕棺もあるので未確定ではあるが、男性がやや多い点は後述する吉野ヶ里遺跡墳丘墓と共通する。

2号甕棺と5号甕棺は、深い墓壙に並列して埋設される（図12）。甕棺群の中で最も早くに埋設されたようであり、さらに墓壙や甕棺のサイズは大きいので、この甕棺群の中心をなす甕棺である。土器以外の副葬品を持つ棺もこの二基だけである。2号甕棺は屈強な熟年男

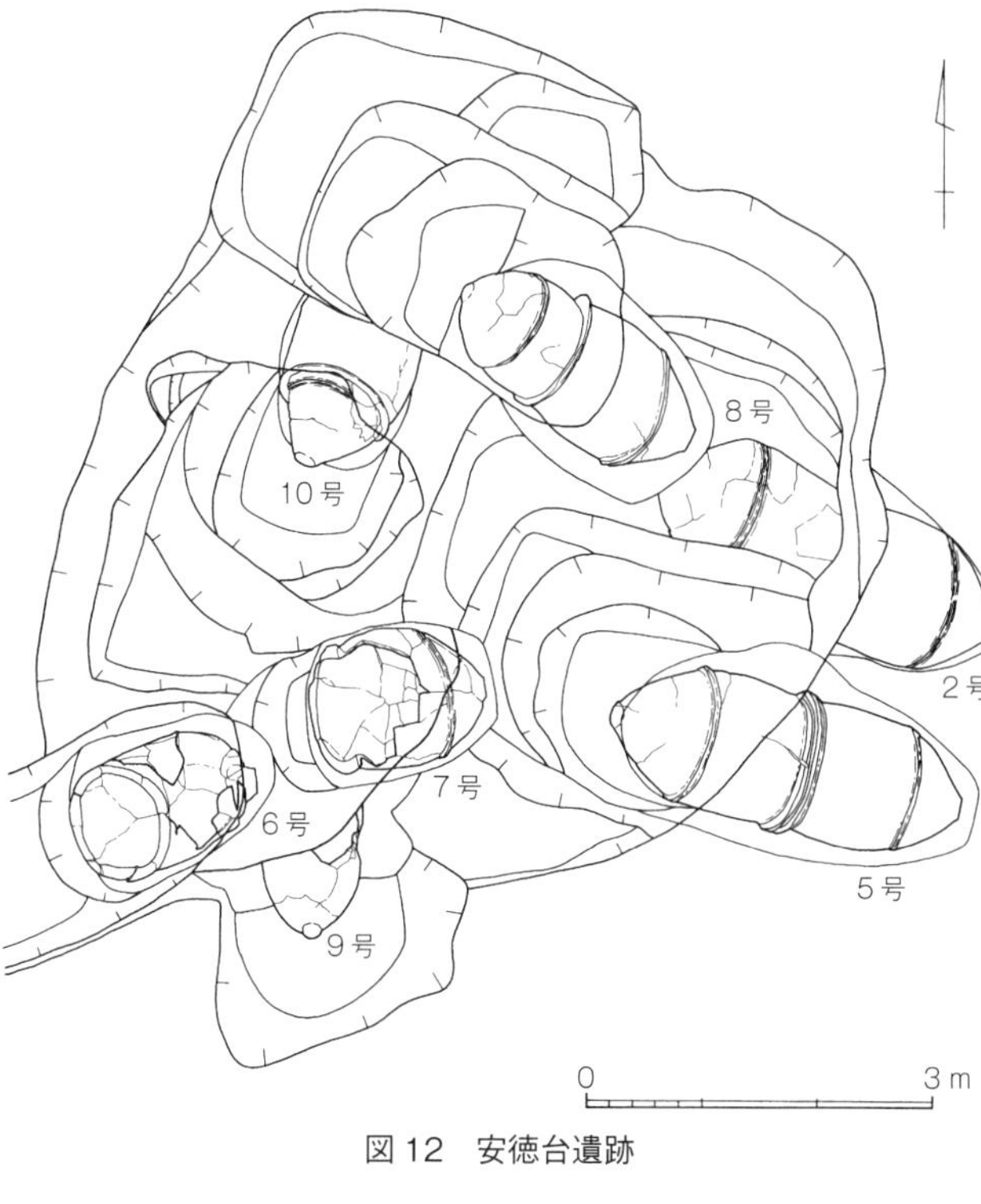


図12　安徳台遺跡

性とともに塞杆状製品二・勾玉三・管玉三三四・貝輪四三以上・鉄戈一・鉄剣一が副葬されていた。貝輪のうち二五個以上が右腕に着装されていた。5号甕棺には成年後半から熟年の女性が塞杆状製品二個とともに埋葬されていた。

塞杆とは長さ四・〇cm程度の耳栓のようなもので、中国では死者の鼻や耳などに差し込んで使用する。日本では使用法が理解されていなかったようで、装飾品あるいは貴重な宝物として取り扱われていた。塞杆は倭国では使用されない物であるので、これらは中国あるいは朝鮮半島を経由して伝来した遺物であろう。

ここでも首長層の埋葬には男女がともに存在している様子がうかがえ、さらに男性の方が人数が多く、最も豊富な副葬品を持つのは2号甕棺の男性である。

この遺跡ではミトコンドリアDNAの分析が行われており、被葬者どうしの関係がある程度推測できるようになっている。ミトコンドリアDNAは、母系遺伝すなわち母親からのみ子へ受け継がれるDNAである。早い話が、同じ塩基配列のミトコンドリアDNAを持っている個体同士は母系の血縁関係、たとえば母親が同じであるということができる。

ここでは2号・3号・5号・8号・10号のミトコンドリアDNAを抽出でき、複数の配列パターンが存在したという。配列が一致するペアが複数組存在することから、血縁的に無関係の人が集合したという訳ではなく、この甕棺墓は一定の親族集団の墓地であろうと思われる。複数の塩基配列パターンが認められることは、複数の母系遺伝子が存在するということなので母系集団ではないことがわかる。婚姻において女性が移動することの多い父系あるいは双系集団であろうと思われる。

安徳台遺跡は、所在地名である那珂川町の「那」の字が示すように奴国の領域にある。奴国の拠点集落のエリート層は一定の親族集団で構成され、男女ともにエリート層を構成するが、男性が優位に立っているのである。

**立岩堀田遺跡**　福岡県飯塚市にある中期後半の墳墓遺跡である。一〇面もの前漢鏡が出土し、その所在地から不弥国首長層の墳墓と考えられている。四〇基以上の甕棺墓が検出されているが、前漢鏡が副葬される甕棺墓は五基であるので限られた存在といえ、それらは鉄器や玉類など他の副葬品を持ち、甕棺自体も大きい。前漢鏡を持つ被葬者は、立岩堀田の中でも限られたエリート層であることがわかる。

鏡が副葬された甕棺のうち、10号甕棺は六面もの鏡を持ち、遺体の左右に三面ずつ並べて副葬されていた。遺体の側からみて右側には鏡に重なるようにして銅矛・鉄剣・ヤリガンナが置かれ足下には砥石が二個配されていた。甕棺は、器高一一〇cmを超える大型甕棺である。

六面の鏡はすべて面径一五㎝であり、前漢鏡としては大型である。人骨こそ遺存していなかったが、銅矛と鉄剣の棺内副葬があることから、男性である可能性が高い。

鏡が副葬された甕棺墓のうち三基には男性人骨が遺存しており、そのすべてに鉄製武器が共伴している。34号甕棺は右腕に一四個の貝輪を装着した成人男性人骨とともに、連弧文鏡一面・鉄戈が副葬されていた。連弧文鏡の面径は四・九㎝である。35号甕棺も成人男性人骨とともに連弧文鏡一面・鉄戈一・鉄剣一が出土している。連弧文鏡の面径は一八・〇㎝である。39号は熟年男性に重圏文鏡一面・鉄剣一が副葬されていた。重圏文鏡の面径は七・二㎝である。

その一方で、28号甕棺には重圏文鏡とともに五五五個の玉・素環頭刀子・塞杆が副葬されていた。28号甕棺には人骨が遺存せず、被葬者の性別は不明である。装飾品が多く鉄製武器がないことから、被葬者は女性であると想定する者が多い（藤田一九七七、高倉一九九三、寺沢二〇〇〇）。

先に検討したとおり、武器を持たず大量に玉類が副葬される被葬者は、必ずしも女性であるとはいえない。28号甕棺から出土した重圏文鏡は面径九・八㎝で、34号甕棺や39号甕棺墓の男性被葬者が持つ鏡よりは大きい。しかし、大型鏡ではなく面数も一枚であるので10号甕棺が持つ鏡群からみれば下位にあることは疑えない。28号甕棺被葬者が仮に女性であるとした場合、女性は首長権を行使する一翼を担う可能性を持ち、エリート層内では男性エリートと遜色がないながらも、エリート層の頂点に立つ存在ではないことが理解できよう。立岩堀田における首長は10号甕棺被葬者である。

**吉野ヶ里遺跡墳丘墓**　佐賀県神埼市・吉野ヶ里町にまたがる吉野ヶ里遺跡北墳丘墓は四〇～四五m×三〇mの長方形の墳丘に一四基以上の甕棺が納められている（図13）。現在確認されている一四基の甕棺の内、八基に武器形青銅器が副葬されている。溝口孝司は、武器が副葬されるのは男性であるとの田中良之の指摘（田中良一九九一）を受けて、男性エリートが選択されて埋葬されたと考えている（溝口二〇〇〇）。

図13　吉野ヶ里遺跡墳丘墓

　なお、この北墳丘墓の中心的位置にあるＳＪ一〇〇六甕棺からは、歯が出土しており、被葬者が男性である可能性が示されている。詳しい報告がなされておらず、歯は性別鑑定に適した部分とはいい難いが、この甕棺には細形銅剣が副葬されている。歯冠の鑑定と副葬品から導き出される被葬者の性別は一致する。吉野ヶ里遺跡北墳丘墓に葬られた首長も男性である可能性が高い。

**二塚山遺跡**　佐賀県吉野ヶ里町・上峰村にまたがる二塚山遺跡は中期後半から後期に続く墳墓群である。46号・71号・76号甕棺、ならびに22号石蓋土壙墓には女性が埋葬され、前三者にはそれぞれ渦文鏡と鉄矛・貝輪・破砕鏡が副葬されていた。22号石蓋土壙墓には三五七三点ものガラス小玉が副葬されていた。また29号石蓋土壙墓には男性人骨が遺存し、獣帯鏡の破片が副葬されていた。

たしかに女性が優れた副葬品を持ち、二塚山遺跡周辺を治める首長層には女性が参画していたことが推測される。間壁葭子は、二塚山遺跡の集団墓は一二のグループに分かれ、46号・76号甕棺の女性被葬者はその第11群集団の中心的人物であったとした（間壁一九八五）。

間壁のいうとおり、集団墓を構成するいくつかの小集団の長に女性が就く可能性は捨て切れない。しかし、他のグループには鏡を持つ男性も存在し、遺跡全体として女性が男性より優位に立っているわけではない。二塚山遺跡は列墓をなしているので、首長権を行使する中でどちらが優位にあったかは、墓の構造上は明確ではない。29号石蓋土壙墓の男性被葬者が持つ鏡の直径が女性被葬者のもつ鏡より大きいことから、岡村秀典は中型鏡が男性、小型鏡が女性に帰属していたと述べる（岡村一九九九：六六頁）。副葬鏡の直径が集団内、首長層内での地位を反映するという仮定に立てば、当遺跡においても首長権の行使には男性が優位に立っていた可能性が考えられる。

## 九州における首長層の男女

これらにみるとおり、北部九州において女性エリートの存在は確かに認められる。首長権の行使に女性が参画していたことも認められるだろう。ただし、首長層の頂点に立つ女性はおらず、代表首長というべき存在は男性が占めていることは重要である。

首長層で男性が優位に立っていたという状況的な証拠はさらに存在する。高倉洋彰は、前漢鏡を副葬品とする墳墓をその他の副葬品の組み合わせから以下の四つに分類する。厚葬型（三雲南小路1号甕棺・須玖岡本D地点）・武器共伴型・装身具型（三雲南小路2号甕棺・立岩堀田28号甕棺など）・単独型（田島6号甕棺・二塚山15号甕棺など）である（高倉一九九三）。

このうち厚葬型・武器共伴型は青銅製武器あるいは鉄製武器を伴い、装身具型は鏡以外に装身具を中心とした副葬品で武器を持たない。単独型は鏡以外の副葬品を持たないものである。単独型は、集団墓中にあって他の墓と差が認められず、厚葬型などと比べると下位にあ

図14　方形周溝墓の埋葬施設配置（大庭1999より）

るという。この単独型を除くと、前漢鏡副葬墳墓は厚葬型と武器共伴型が二〇例中一五例と大半を占め、装身具型は少ない。武器は男性に副葬される割合が高いという筆者の見解が認められるとするならば、前漢鏡が副葬される有力墳墓の被葬者は男性の割合が高いことになる。

このようなことからも弥生時代北部九州の首長層では、男性が優位に立っており、首長の地位は基本的に男性が占めていたということができるだろう。

### ロ．畿内の男女

畿内においても同様のことがいえる。弥生時代における畿内の墳墓には副葬品が納められる習俗がなく、北部九州のように副葬品から首長墓をみきわめることができない。弥生時代後期以前の畿内では方形周溝墓が基本的な墳墓形態である。大阪市文化財研究所の大庭重信は、方形周溝墓群から首長層が葬られる首長墓を抽出する基準を明らかにした（大庭一九九九）。

大庭によれば、弥生時代中期中葉から後葉における方形周溝墓においては、墳頂に中心的

表３　方形周溝墓主要埋葬施設被葬者の性別

| 遺跡名 | 年齢 | 人骨性別 | 副葬品等 | 備考 |
|---|---|---|---|---|
| 瓜生堂遺跡 15 号周溝墓第 1 埋葬施設 | 壮年 | ♂ | 無 | 単数墓の可能性もある |
| 瓜生堂遺跡 14 号墓 1 号木棺 | 成人 | ♂ | 赤色顔料 | |
| 亀井遺跡 SX02－4 号主体 | 熟年 | ♂ | 赤色顔料 | |
| 巨摩廃寺遺跡第 2 号方形周溝墓第 3 号埋葬施設 | 熟年 | ♂ | 管玉 2・赤色顔料 | |
| 久宝寺遺跡木棺 2 | 成年 | ♂ | 石鏃 1（頭蓋骨に貼り付く） | |
| 加美遺跡Ｙ 1 号墓 5 号棺 | 成人 | ♂ | 赤色顔料 | |
| 田能遺跡 16 号墓 | 老年 | ♂ | 碧玉製管玉 632 | 17 号墓と同じ周溝墓内 |
| 田能遺跡 17 号墓 | 成年 | ♂ | 銅釧（左腕着装） | 16 号墓と同じ周溝墓内 |

・田能 16 号墓と 17 号墓はどちらかが、方形周溝墓の主要埋葬施設となると考えられる。

な埋葬を持つ空間占有型とそうした突出した埋葬を持たずに埋葬施設が均等に配置される空間分有型という埋葬施設配置が認められるという（図14）。そして、空間占有型の方形周溝墓は、空間分有型や埋葬を一基しか持たない単数型よりも墳丘規模が大きい上に、空間占有型の主要埋葬には赤色顔料が認められると指摘する。このことから、空間占有型は集落の中でも階層的に上位にある墓であり、その主要埋葬の被葬者は集落の中心的な人物であるというのである（大庭一九九九）。

筆者は畿内の空間占有型方形周溝墓の主要埋葬について検討を加えたことがある。その結果、空間占有型における主要埋葬の被葬者は、性別が判明するものについてはすべてが男性であることを明らかにしたのである（表3）。

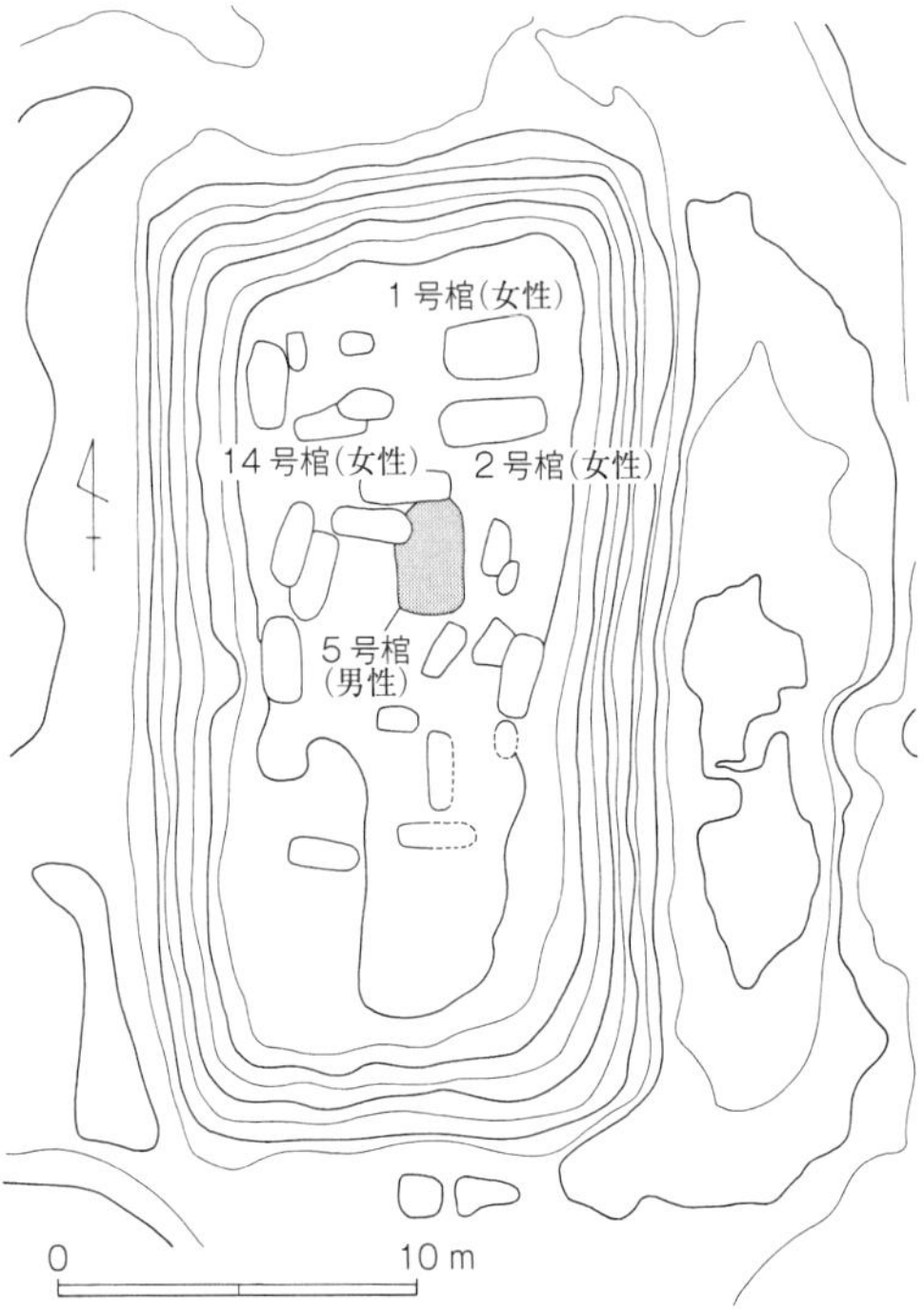


図15　加美Y1号墓

弥生時代畿内の王墓として評価される大阪府加美遺跡Y1号墓についても、その例外ではない(図15)。加美Y1号墓は二六×一五mの長方形をなし、高さ約三mの方形周溝墓である(田中清一九八六)。畿内で最大規模の方形周溝墓である。埋葬は数多いものの、墳丘の中心に埋葬を持つ空間占有型と理解される。この加美Y1号墓の主要埋葬である5号棺は、木棺の外側を木で囲ういわゆる木槨が用いられ、加美Y1号墓の中でも手厚い埋葬施設を持つ。その遺存人骨は男性であるとの鑑定結果がある。加美Y1号墓の主要埋葬周辺には、1号棺・2号棺・14号棺に女性が埋葬され、彼女たちはわずかではあるがガラス玉や銅釧などの副葬品を持つ。九州と違って、弥生時代における畿内の墳墓では、副葬品を棺に納めるという風習自体がなかったようで、埋葬の優劣と副葬品の有無が対応しないことがしばしばある。本例もその一例である。しかし、主要埋葬の周辺にあって副葬品を持つ彼女達の地位が低いとは思われない。首長層の中に男女が存在し、男性がその中で最も優位な位置にあるということが加美Y1号墓から理解できるであろう。

加美遺跡以外の空間占有型方形周溝墓における主要埋葬施設の人骨はすべて男性であるとされている。加美遺跡ならびにその他の方形周溝墓出土人骨資料は、遺存状態の悪い個体が多いので、性別の判定が確実といえる資料は少ない。しかし、空間占有型方形周溝墓の主要埋葬被葬者は男性が多いという傾向は認めて良いと思われる。空間占有型の主要埋葬周辺に葬られ、かつ副葬品を持つ女性は認められるものの、女性は主要埋葬施設に葬られることがない。あるいは少ないということが指摘できるだろう。この現象は北部九州の事例と類似している。

## ②女性首長の登場

### 周遍寺山1号墓

この状況が大きく変化するのは弥生時代後期後半以降であると考えられる。この時期の墳丘墓で人骨が遺存した例はきわめて少ないので明確なことは述べにくいが、主要埋葬施設に葬られる女性の存在がわずかではあるが認められる。その一例が兵庫県周遍寺山1号墓であり、その存在は重要である。

周遍寺山1号墓は兵庫県加西市にあり、一九五七年に調査された。築造年代を決める遺物が出土しなかったため、調査当時は古墳時代後期の墓と推定されていた。しかし、墳形から弥生時代後期後半から終末期の墳丘墓と考えられるようになった(石野一九八二、近藤一九八四)。当該期の墳墓であるとするならば、周遍寺山1号墓出土人骨は数少ない当該期の古人骨資料である。

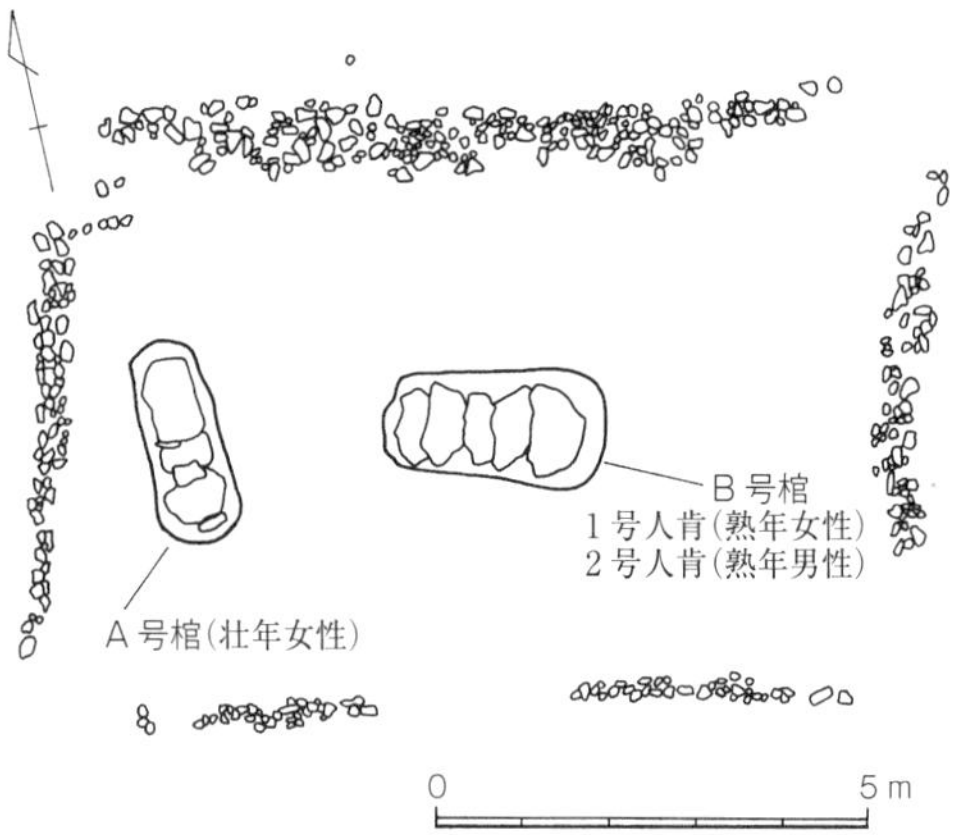

図16　周遍寺山1号墓

本墳は一〇×六・五mの長方形の墳丘を有し、墳丘斜面には貼り石が施されていた（図16）。貼り石は墳丘の周囲を全周せずに、四隅で石を欠く。この形態が四隅突出墓に類似することから、弥生時代後期後半から終末期に比定される。墳丘内には二基の箱形石棺が設置されていた。B号棺は墳丘の中央に位置するので、B号棺が本墳の主要埋葬であると考えられる。B号棺には熟年女性（B1号人骨）と熟年男性（B2号人骨）が葬られていたが、B1号人骨が先葬者であると考えられる（清家二〇〇一）。この墳墓が四隅突出墓であるならば、弥生時代後期から終末期の首長墓であり、主要埋葬施設に女性人骨が認められた数少ない事例となる。

**平原墳丘墓**　周遍寺山1号墓の主要埋葬初葬者が女性であるならば、三雲遺跡の西北一・三五kmの位置にある福岡県平原墳丘墓の被葬者が女性であるという想定（原田一九九一、寺沢二〇〇〇、柳田二〇〇〇ほか）は、例外的なものでなくなるだろう。築造時期に異論はあるが、平原墳丘墓は弥生時代後期後半から終末期に属する一辺一三×九・五mの方形周溝墓である（図17・18）。

規模は小さいが副葬品は他の弥生墳墓を圧倒し、大型前方後円墳に劣らない。銅鏡を四〇面以上持ち、丸玉五〇〇・連玉八六六・小玉四九二・耳璫・勾玉三・管玉四二個がある。棺

図 18　平原墳丘墓復元図
（伊都国歴史博物館提供）

図 17　平原墳丘墓と柱
（伊都国歴史博物館提供）

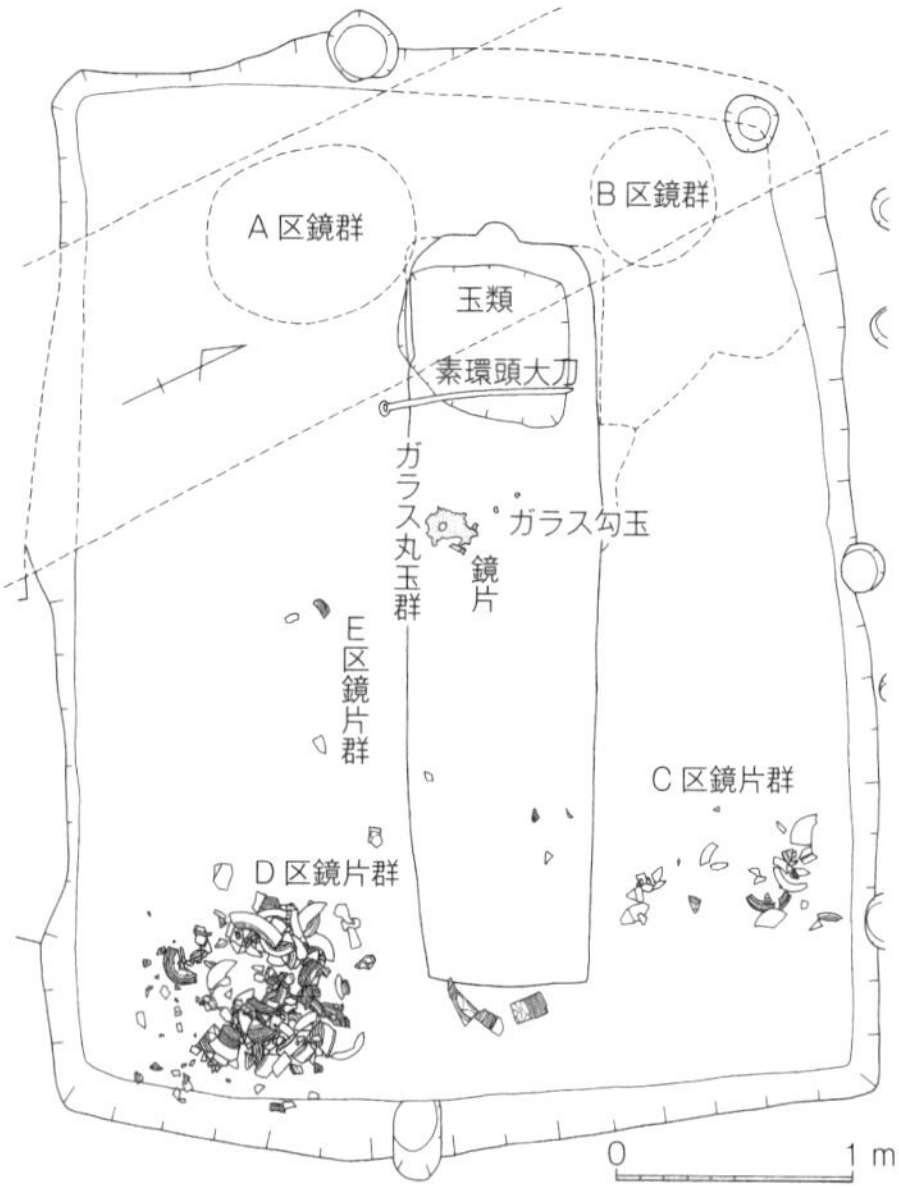


図 19　平原墳丘墓の埋葬施設

外に素環頭大刀一本を持つ。鏡の大部分は棺外の墓壙内で破砕されていた（図19）。鏡には直径四六・五㎝を測る超大型内行花文鏡が五面含まれている。武器が少なく、鏡・玉類が多いこと、さらに耳璫は中国では女性に伴う副葬品であることから、被葬者は女性であるとの見解が出されていたのである。

環頭大刀が副葬されていることから男性の可能性もあるが、これは棺外副葬である。弥生時代後期後半から棺外における副葬例が武器に限らず増加してくる（図19）。新しい習俗なのである。棺外に副葬される刀剣は、後述するように邪な霊が死体にとりつくのを防ぐための道具であり、古墳時代前期には女性被葬者にも同様な副葬が行われる。このことを考えれば平原墳丘墓の被葬者は女性である可能性は依然残されている。

### ③弥生時代後期後半〜終末期における首長層と男女

誤解を招かないように述べておくと、もちろん男性首長はこの時期にも存在する。弥生時代後期から終末期の墳丘墓において、発掘調査が行われた主要埋葬施設をみると、人骨こそみつからないものの、武器副葬から被葬者が男性であると考えられる墳墓は多い。

鏃副葬と刀剣の棺内副葬は、弥生時代と後述するように古墳時代前期においても男性被葬者に限られた副葬形態であるので、古墳時代への移行期である弥生時代後期から終末期においても鏃副葬と刀剣の棺内副葬が認められる埋葬施設には男性が葬られていたと考えて良い。

そのように考えて良ければ、弥生時代後期の大墳丘墓である岡山県楯築遺跡の主要埋葬被葬者は男性である可能性が浮上する。楯築遺跡は、弥生時代後期後半に属し、直径約四〇mの円丘に二つの突出部を持つ双方中円形の墳墓である（図20上）。

突出部を含めた全長は約八〇mにも及ぶ（近藤編一九九二）。墳丘上には高さ三mを超える巨大な板石によるストーンサークルがあり、人面を帯で巻いたような文様を持つ弧帯文石が伝わる。弧帯文石は埋葬施設の埋土中からも破砕された状態でもう一つ出土している。墳丘には特殊器台と特殊壺の中でも最も古い立坂型が並んでいた。埋葬施設は木槨に木棺を納めたものであり、埋葬施設内には三二kgに及ぶ朱が敷き詰められていた（図20下）。墳丘規模・立石・弧帯文石・特殊器台・重厚な埋葬施設と、すべての要素において弥生時代としては規格外の墳墓である。

主要埋葬施設の棺内には、鉄剣一と勾玉・管玉が副葬されていた。棺内における剣副葬を重視すれば、被葬者は男性である可能性が高い。出土した歯が小振りであるという報告から、被葬者が女性であるとの見解も示されることもあったが、出土した歯はほとんど細片であり、

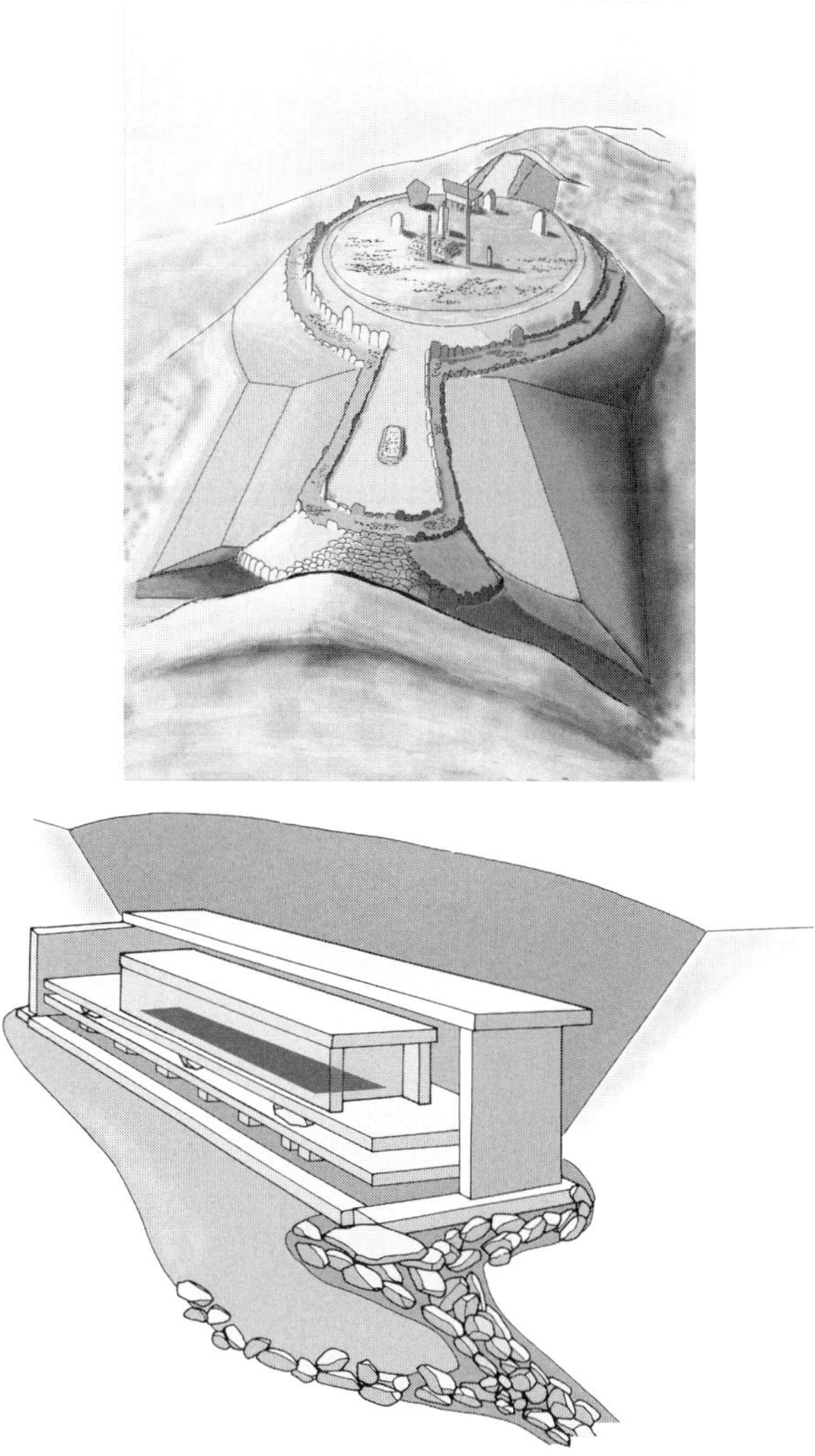

図20　楯築墳丘墓とその埋葬施設（宇垣匡雅氏提供）

| 盗掘 | その他副葬品 |
|---|---|
| 無 | 四獣鏡（破砕鏡） |
| 無 | 二神二獣鏡（破砕鏡） |
| 無 | 管玉 31・ガラス玉 394（以上、棺内）・槍 1・硬玉勾玉 3・管玉 42・ガラス玉数十（以上、棺外） |
| 無 | ガラス玉 6 |
| 無 | 管玉 3、ガラス玉 282 + |
| 無 | 細形管玉 323、ガラス小玉 728 |
| 有 | |
| 無 | 木製枕 1 |
| 無 | 管玉 113・勾玉 1 |
| 有 | 鏡？（埋葬施設 2 基あり。鏡出土の第Ⅱ遺構を採用。） |
| 有 | 方格規矩鏡（破砕鏡？）・小形倣製鏡・勾玉 2・小玉 21 |
| 無 | 画文帯神獣鏡（破砕鏡）・管玉 6・漆塗製品 |
| 無 | 四獣形鏡・銅釧 2・硬玉製勾玉 8・碧玉製管玉 187・ガラス製小玉 1276・ヤリガンナ 1 |
| 無 | ヤス・銅釧 13・貝輪 1・ガラス釧 1・管玉 272・ガラス勾玉 10・甕 1・鈎状漁労具 1 |
| 無 | ヤリガンナ 1 |
| 有 | 画文帯神獣鏡 2・内行花文鏡 1・素環頭大刀 1・剣・槍・ヤリガンナ 2+・ノミ 1+・サルポ 1・への字状鉄製品 23 + |
| 無 | ヤリガンナ 1・針 1・不明鉄器・鉄斧 1 |
| 無 | 四獣鏡・ヤリガンナ 1 |
| 無 | |
| 有？ | 画文帯神獣鏡（破砕鏡？）・管玉 4・ヤリガンナ 1 |
| 無 | 玉類（589 個） |
| 有 | 飛禽鏡 1・ガラス小玉 1 |
| 有 | 方格規矩鏡（破砕鏡）・獣形勾玉 1・ガラス小玉 50・鉄斧 1 |
| 無 | 勾玉 1・管玉 1 |
| 無？ | 無し（第 3 主体が最も規模が大きいので対象とした） |
| 無？ | 管玉 1（第 2 主体が主要埋葬かどうか不明） |
| 無？ | |
| 有 | |
| 有 | 虺龍文鏡 (破砕鏡)・勾玉 4・管玉 38・小玉 665 + |
| 無 | ガラス製管玉 4・ガラス小玉 6・鉄剣 1 |
| 無 | 内行花文鏡・斜縁獣帯鏡・鎌 1・ヤリガンナ 2・針 5・刀子 2 |
| 無 | |
| 無 | |
| 無 | |
| 無 | 管玉 20 |
| 無 | 管玉 |
| 無 | 管玉 |
| 無 | |
| 有 | 鏡 1・ガラス小玉 57 |
| 無 | ヤリガンナ（折り曲げ） |

表4　弥生時代後期後半〜終末期における墳丘墓主要埋葬の男性的要素の有無

| 墳丘墓名 | 都道府県 | 墳丘規模 | 墳丘形態 | 鏃副葬 | 棺内刀剣副葬 |
|---|---|---|---|---|---|
| 高部 32 号 | 千葉県 | 31.2 | 方方 | | 槍 2 |
| 高部 30 号 | 千葉県 | 33.7 | 方方 | | 槍 2 |
| 神門 4 号 | 千葉県 | 48 | 方円 | 鉄鏃 41 | 剣 1 |
| 神門 5 号 | 千葉県 | 39 | 方円 | 鉄鏃 2 | 剣 1？(棺内か？) |
| 小田部 | 千葉県 | 23 | 方円？ | | |
| 原目山 1 号 | 福井県 | 20 | 方 | | 刀 2（棺内か） |
| 原目山 2 号 | 福井県 | 30 | 方 | | |
| 乃木山 | 福井県 | 34 | 方円？ | | 刀 1・剣 1 |
| 小羽山 30 号 | 福井県 | 26×22 | 四隅 | | 剣 1 |
| 瑞龍寺山 | 岐阜県 | ？ | 方？ | | |
| 観音寺山 | 岐阜県 | 20.5 | 方円 | | |
| 黒田 | 京都府 | 52 | 方円 | 鉄鏃 24＋ | |
| 芝ヶ原 | 京都府 | 25 | 方方 | | |
| 大風呂南 1 号 | 京都府 | 27×18 | 方 | 鉄鏃 4 | 剣 11 |
| 中宮ドンパ 1 号 | 大阪府 | 22×18 | 方 | 2 | 剣 1 |
| ホケノ山 | 奈良県 | 80 | 方円 | 銅鏃 70＋・鉄鏃 74＋ | 刀 1？・剣 4？ |
| 内場山 | 兵庫県 | 21.6×19.5 | 方 | 鉄鏃 17 | 素環頭 1 |
| 養久山 1 号 | 兵庫県 | 32 | 方円 | 鉄鏃 3 | 剣 2 |
| 石塚山 2 号 | 香川県 | 25 | 円 | | 剣 2（棺内と推測） |
| 萩原 1 号 | 徳島県 | 26.5 | 方円 | | |
| 楯築 | 岡山県 | 80 | 双方中円 | | 剣 1 |
| 宮山 | 岡山県 | | 方円 | 鉄鏃 3・銅鏃 1 | 剣 1・刀 1？ |
| 矢藤寺山 | 岡山県 | 36 | 方円 | | |
| 黒宮大塚 | 岡山県 | 60？ | 方方？ | | |
| 雲山鳥打 1 号第 3 主体 | 岡山県 | 20 | 方 | | |
| 雲山鳥打 2 号第 2 主体 | 岡山県 | 20 | 円 | 1 | |
| 都月坂 2 号 | 岡山県 | 20×16 | 方 | | |
| 女男岩 | 岡山県 | ？ | ？ | | 剣 2 |
| 鋳物師谷 1 号 | 岡山県 | 20？ | 方？ | | |
| 桂見 1 号 | 鳥取県 | 22×20 | 方 | 鉄鏃 1 | |
| 桂見 2 号 | 鳥取県 | 28×22 | 方 | | 刀 1 |
| 桂見 3 号 | 鳥取県 | 24? | ？ | | |
| 宮内第 1 遺跡 3 号 | 鳥取県 | 17×23.4 | 方 | | 刀 1 |
| 門上谷 1 号 | 鳥取県 | 24×18 | 方 | | 刀 1 |
| 西谷 3 号 | 島根県 | 40×30 | 四隅 | | 剣 1 |
| 仲仙寺 9 号 | 島根県 | 28×20 | 四隅 | | |
| 仲仙寺 10 号 | 島根県 | 26×25 | 四隅 | | |
| 宮山Ⅳ号 | 島根県 | 30×24 | 四隅 | | 刀 1 |
| 津古生掛 | 福岡県 | 33 | 方円 | 鉄鏃 31 | 剣 1 |
| 西一本杉ＳＴ 008 | 佐賀県 | 24 | 方円 | | |

凡例
・本表は松木 1999 を基礎として、資料を追加して作成した。
・「墳丘形態」欄の略称は以下の通り。方円：前方後円形　双方中円：双方中円形　方方：前方後方形　四隅：四隅突出　円：円形　方：方形
・最大長 20 m 以上の墳丘墓に限定した。

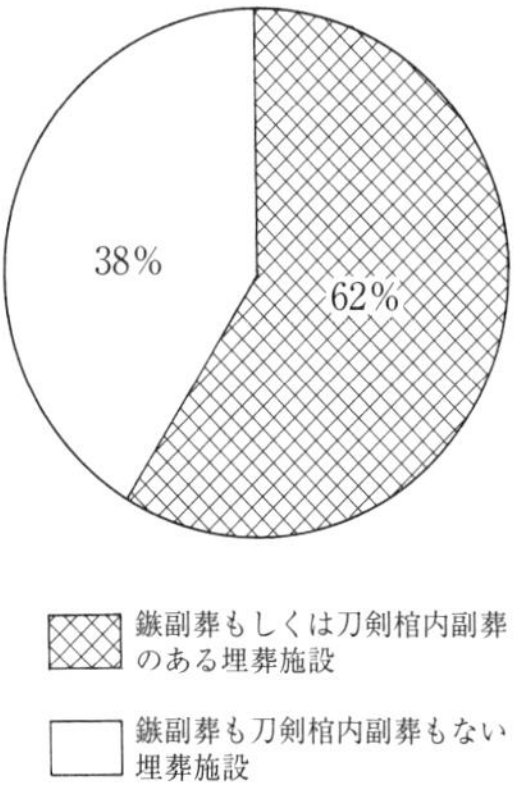


図21　弥生墳丘墓主要埋葬施設における男性的埋葬施設と女性的埋葬施設の割合

歯冠の形状がわかるものがないという。歯の報告を行った宮川徏も、「小振りな歯牙」と書きつつも「性別を判定できない」とはっきりと書いているのである（宮川一九九二）。当然の判断といえよう。この報告者の見解を尊重すべきで、出土した歯から性別を語ることは、この場合、避けた方が良い。

　楯築遺跡以外でも本書冒頭で紹介した奈良県ホケノ山墳丘墓の石積木槨墓には鉄鏃と銅鏃の副葬がみられる。京都府丹後にある大風呂南1号墓は、二七×一八mの方形台状墓であり、その主要埋葬施設（第1主体）にはガラス製腕輪や銅釧とともに鉄鏃が副葬され、さらに鉄剣一一本を棺内にみたので被葬者は男性だと考えられる。出雲の大首長墓である四隅突出墓の西谷3号墓主要埋葬（4号埋葬棺）内からは短剣が出土している。

　これらの例をみると、弥生時代後期後半から終末期には、男性首長も女性首長も存在することが理解できる。その男女比はどの程度だろうか。

副葬品の組み合わせから考えてみよう。表4は、弥生時代後期後半から終末期に属するおもだった墳丘墓の主要埋葬の副葬品リストである。これをみると、刀剣の棺内副葬と鏃の副葬は多い。その一方で鏃副葬と刀剣の棺内副葬の両方が認められない埋葬も約四〇%ある(図21)。鏃副葬と刀剣の棺内副葬は男性被葬者であることの十分条件であって、鏃副葬と刀剣の棺内副葬がないからといって被葬者が女性であるとはいい切れない。鏃副葬と刀剣の棺内副葬の割合は男性被葬者が占める最低限の割合を示すに過ぎない。しかし、鏃副葬と刀剣の棺内副葬が認められない埋葬施設に女性が葬られている可能性があり、その可能性を持つ埋葬施設が半数近くも占めていることは、多くの女性首長が存在した可能性を示している。現時点で女性首長がまったく認められない弥生時代中期にくらべ状況が大きく変化したことがわかる。

# 四　卑弥呼以後の社会と女性

## ――古墳時代前期の首長層と男女

### ①古墳時代における副葬品と被葬者の性別

**男性の副葬品**　弥生時代と同じ作業を古墳時代で行ってみよう。図22は性別のわかる人骨と副葬品の組み合わせをグラフ化したものである。こうした研究は森浩一や川西宏幸らがすでに行っていた（森一九六五、川西・辻村一九九一）が、資料を加えてグラフ化したものである。これをみると弥生時代とやや異なる結果が認められた。

鏃すなわち矢じりが男性に特有な副葬品であることは弥生時代と同じである。南九州のごく一部では、女性に鏃が伴うこともあるが、それ以外では基本的に男性にのみ鏃が副葬され

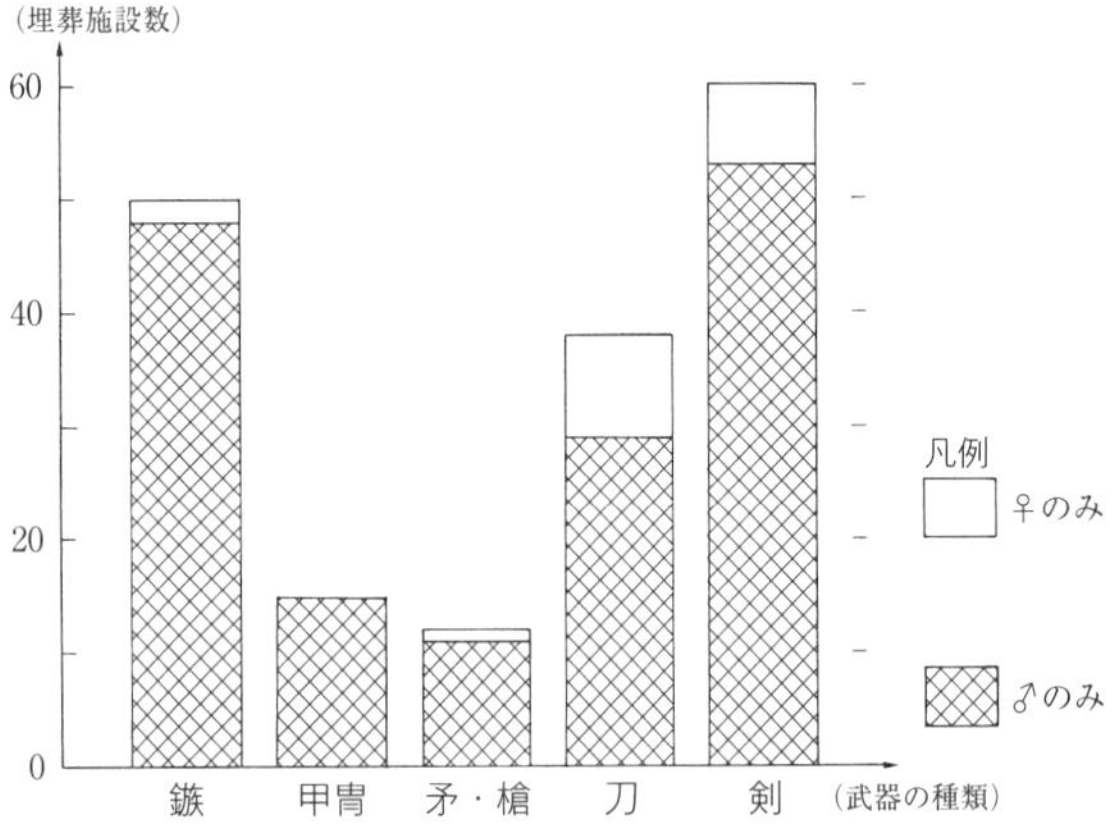


図22　古墳時代の副葬品と性別（武器）

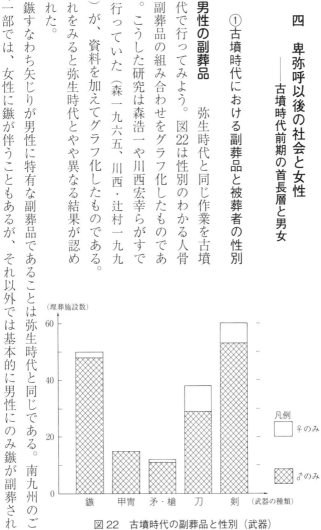

る。古墳時代になると新たに甲冑の副葬が始まるが、この副葬も男性に限られる。これらの点だけをみれば武器・武具という争いに関わるアイテムは、男性に限定される。これらの現象は弥生時代と似た傾向にみえる。しかし、刀剣とわずかな槍は女性にも一定程度副葬されることがわかる。この点は弥生時代と異なる。

装飾品ではどうだろうか。鏡は男女の埋葬施設から出土する。このことは後述する。玉類はとくにグラフを作っていないが、多くの埋葬施設から出土するので、これまた男女の区別はなさそうである。しかし、腕輪形石製品とよばれる碧玉や緑色凝灰岩で作られた腕輪には性別による使い分けがあるようである。腕輪形石製品には、鍬形石・車輪石・石釧という種類があり（図23）、鍬形石は弥生時代のゴホウラ貝を縦に割って作った貝輪がモデルになっている。車輪石はオオツタノハ製の貝輪[2]、石釧は祖型がいくつかあるようだがイモガイの横切り貝輪が主なモデルであるとされる。

弥生時代においてゴホウラ製縦割りの貝輪は男性用であったことは前に記した。材質が貝から石に転換しても古墳時代でもその性格を部分的に引き継いでいるようである。鍬形石に伴う人骨は男性だけであり（表5）、鍬形石の九割近くは男性的副葬品である鏃と一緒に出土するからである（清家二〇一〇）。

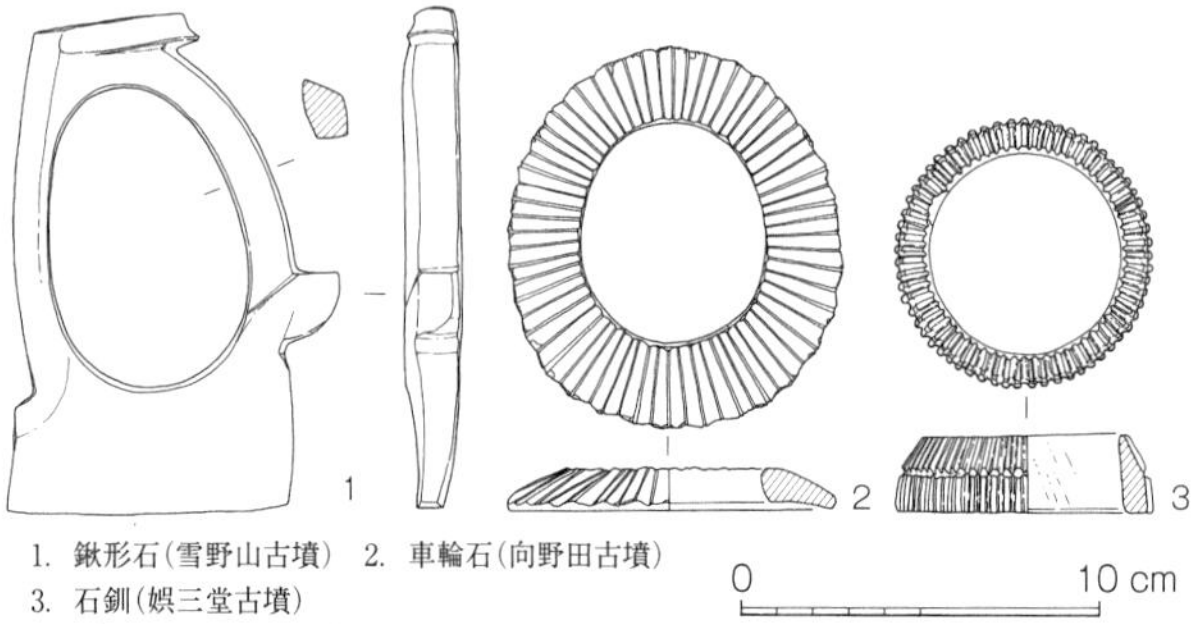


1. 鍬形石（雪野山古墳）　2. 車輪石（向野田古墳）
3. 石釧（娯三堂古墳）

図23　腕輪形石製品３種

表５　腕輪形石製品３種と性別の対応

| 遺跡名 | 所在地 | 性別 | 鍬形石 | 車輪石 | 石釧 |
|---|---|---|---|---|---|
| 黄金塚古墳東槨 | 大阪府 | ♂ | 1 | | |
| 猫塚古墳 | 大分県 | ♂♂ | 2 | | |
| 三池平古墳 | 静岡県 | ♂ | | 1 | 1 |
| 向野田古墳 | 熊本県 | ♀ | | 1 | 貝輪 |
| 龍ヶ岡古墳 | 福井県 | ♀♂ | | | 6♀ |
| 作山１号墳 | 京都府 | ♂ | | | 2 |
| 元島名将軍塚古墳 | 群馬県 | (♀) | | | 1 |
| 矢ノ岡石棺墓 | 香川県 | ♂ | | | 1 |
| 内谷古墳 | 徳島県 | ♂ | | | 1 |
| 月の輪古墳南主体 | 岡山県 | (♀) | | | 1 |
| 長瀬高浜１号墳 | 鳥取県 | ♀ | | | 1? |
| 千人塚古墳 | 広島県 | ♀ | | | 1 |
| 免ヶ平古墳第２主体 | 大分県 | ♀ | | | 2 |
| 七ッ森Ｂ号墳 | 大分県 | ♀♂ | | | 1 |

凡例
・性別欄内（　）は性別の鑑定が確実でないもの。
・長瀬高浜１号墳の石釧は墳丘からの出土で、１号墳の副葬品ではない可能性がある。

**女性の副葬品**　これに対し、女性特有の副葬品はとくには抽出できなかった。腕輪形石製品のうち車輪石や石釧のモデルとなった貝輪は女性に用いられることが多かったにもかかわらず、車輪石と石釧は男性人骨に伴う事例もあるのである（表5）。貝から石に素材が代わると、その使用法も変化したようだ。

　ただ、車輪石と石釧が被葬者の腕部に置かれて副葬される事例が目を引いた。腕輪なのだから腕の近くに置くのが当たり前のようであるが、実は違う。腕

図6　腕輪形石製品腕部配置型式の埋葬施設

| 埋葬施設名 | 所在地 | 墳形 | 墳丘規模 | 人骨性別 | 車輪石 | | 石釧 | | 備考 |
|---|---|---|---|---|---|---|---|---|---|
| | | | | | 数 | 位置 | 数 | 位置 | |
| 向野田古墳 | 熊本県 | 方円 | 89 | ♀ | 1 | 右 | | | 貝輪あり |
| 免ヶ平古墳第1主体 | 大分県 | 方円 | 57 | | | | 2 | 両 | 主要埋葬 |
| 免ヶ平古墳第2主体 | 大分県 | 方円 | 57 | ♀ | | | 2 | 両 | 副次的埋葬 |
| 中小田古墳 | 広島県 | 方円？ | 30 | | 1 | 左？ | | | |
| 月の輪古墳南主体 | 岡山県 | 円 | 61 | （♀） | | | 1 | 右 | 副次的埋葬 |
| 新庄天神山古墳 | 岡山県 | 方円 | 107 | | | | 1 | 左 | 円墳説あり |
| 交野東車塚古墳 | 大阪府 | 方方 | 65 | | | | 1 | ？ | 2体埋葬 |
| 娯三堂古墳 | 大阪府 | 円 | 27 | | | | 1 | 右？ | |
| 黄金塚古墳中央槨 | 大阪府 | 方円 | 94 | | 1 | 右 | 1 | 左 | |
| 池ノ内1号墳東棺 | 奈良県 | 円 | 13 | | | | 1 | 右？ | 胸部に配置か？ |
| 池ノ内1号墳西棺 | 奈良県 | 円 | 13 | | | | 2 | 両 | 副次的埋葬 |
| 谷畑古墳 | 奈良県 | 円 | 27 | | | | 2 | 右 | |
| 瓢簞山古墳1号石棺 | 滋賀県 | 方円 | 140 | | | | 3 | 両？ | 前方部埋葬 |
| 龍ヶ岡古墳 | 福井県 | 円？ | 30 | ♂♀ | | | 1 | 左 | |
| 元島名将軍塚古墳 | 群馬県 | 方方 | 91 | （♀） | | | 1 | 左 | |
| 新皇塚古墳 | 千葉県 | 方円 | 60 | | | | 1 | 左？ | |
| 大廐浅間様古墳 | 千葉県 | 円 | 45 | | | | 1 | 右 | |
| 桜塚古墳 | 茨城県 | 方円 | 30 | | | | 1 | 左 | |

凡例

・墳形欄のうち方円：前方後円墳、方方：前方後方墳、円：円墳を示す。

・墳丘規模は、前方後円墳・前方後方墳は全長を、円墳は直径を示す。単位はm。

・性別欄内の（　）は、鑑定が確実でないもの。位置欄は、腕輪が遺体の左右どちらに置いてあるかを示す。

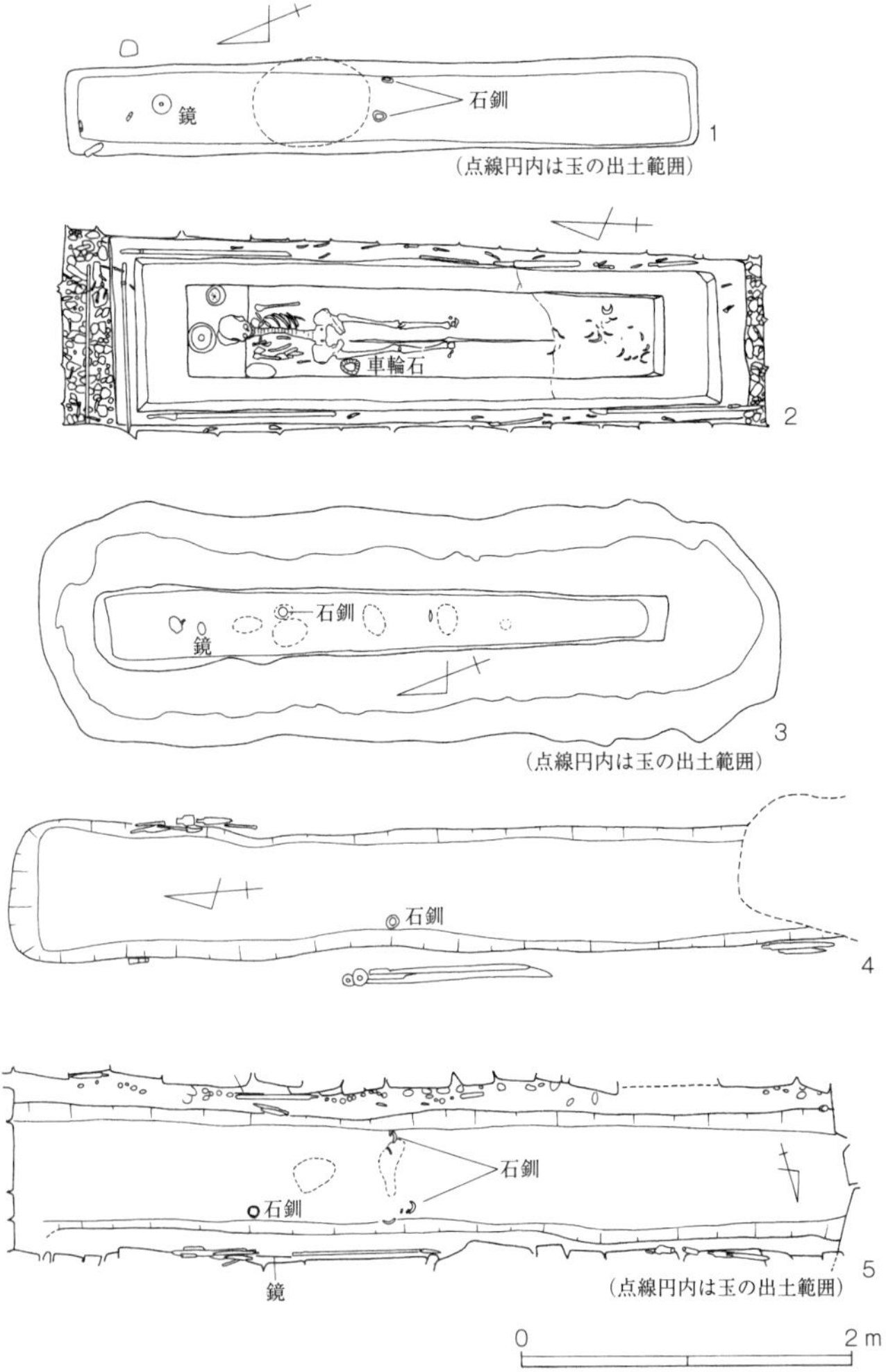


1. 池ノ内1号墳西棺　2. 向野田古墳　3. 桜塚古墳　4. 谷畑古墳　5. 免ヶ平古墳第1主体
(頭位と思われる短辺を左に配した。各報告書より再トレース、一部改変。)

図24　腕部配置型式の諸例

輪形石製品は被葬者の頭や胸の部分に置くことが最も多く、複数個の腕輪が副葬される場合には頭と足もとに分けて置かれたり、遺体や埋葬施設を取り巻くように置く例もある。腕輪形石製品であるのに腕に配置される例はきわめて少なく、わずか一八例しか知られていない。このように腕輪形石製品を被葬者の腕部に置く配置を腕部配置型式とよぶ（図24、表6）。

そうした少ない事例は何か特別なことがあるかもしれない。幾つかの例については森浩一や今尾文昭は被葬者が女性である可能性を早くに示していた（森一九九一・今尾一九九一）。そう思って調べてみると、腕に腕輪形石製品がおかれた人骨はすべて女性であり、人骨が残っていない場合でも鏃や甲冑など男性的副葬品がないケースが大部分を占めたのである（清家二〇一〇）。鉄鏃が副葬されると報告された事例もあったが、よく調べてみると鉄鏃とされる資料は壊れていて製品の特定ができないものだったり、鉄鏃の出土自体が伝聞であってその存在が明確でないなどはっきりとしない資料だったのである。以上のことから、車輪石や石釧を腕に置く副葬品配置は女性が被葬者であると考えられるのだ。

## ②古墳時代前期における女性の地位

弥生時代後期後半から終末期にかけて首長層の中でもその代表的地位につく女性が出現した可能性があることは先に述べた通りである。古墳時代前期の状況をみれば、この傾向はいっそう明確となる。すなわち弥生時代後期後半以降、女性の首長が増加し、その存在は一般的になるという傾向である。

**向野田古墳**　ここで女性首長を語るに外せない古墳を紹介したい。熊本県向野田古墳である（富樫ほか編一九七八）。向野田古墳は一九六九年に調査された前方後円墳である。前方部の一部は削平されているため不明な点はあるが、全長八九mとされる。この古墳の後円部からは、舟形石棺が納められた竪穴式石室が検出された。石棺の中には状態の良い人骨が残っており、壮年期の女性であると鑑定された。一〇〇m級の前方後円墳で、しかも主要埋葬施設において女性被葬者が確認されたのは初めてであったし、その後もこのクラスの古墳で女性人骨はほとんどみつかっていないので、この人骨は超一級の資料といえる。副葬品もほぼ埋葬時の状態で検出された（図25）。

竪穴式石室は南北一〇・一m、東西七mの巨大な二段墓壙の中に築かれる。墓壙底には砂

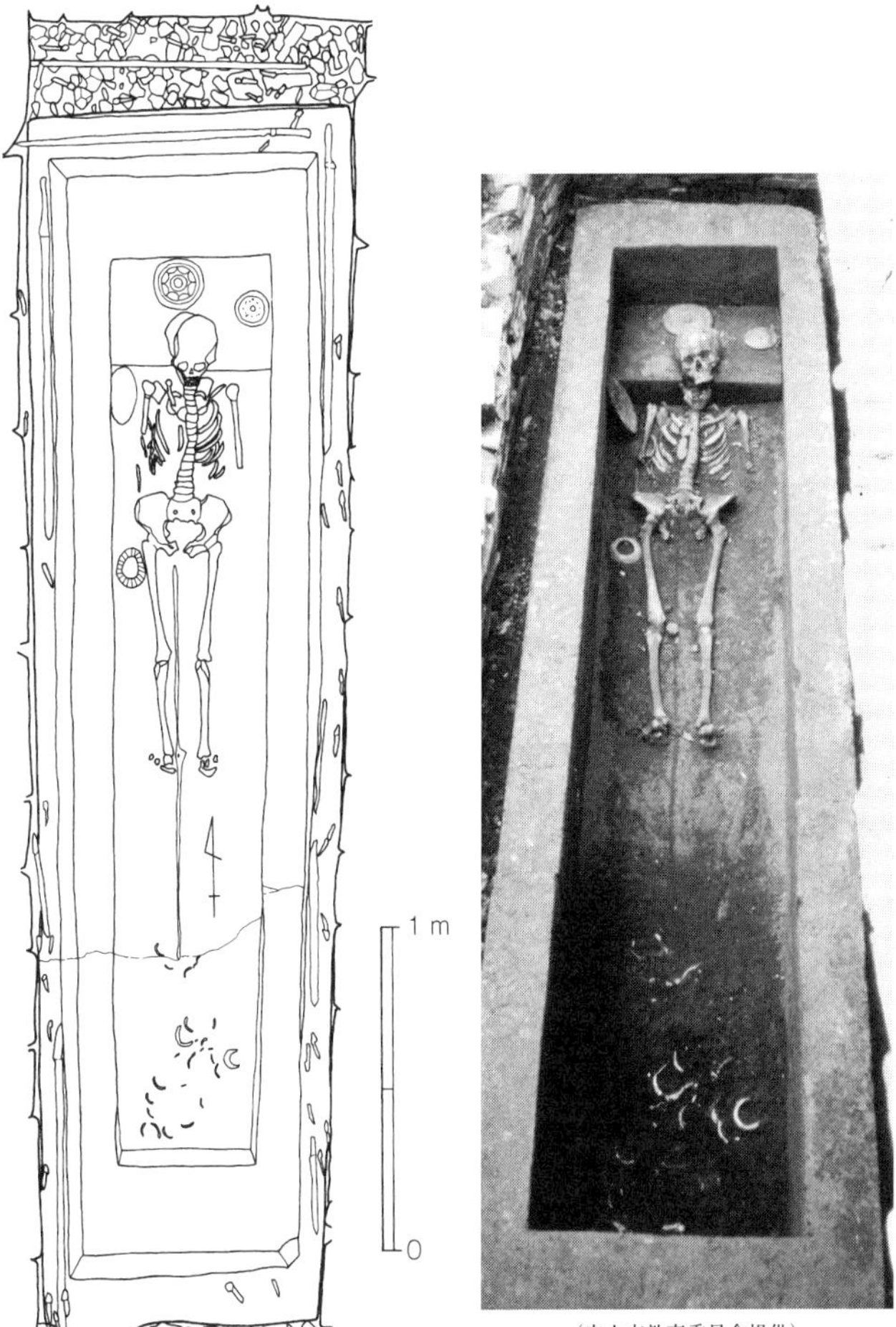


（宇土市教育委員会提供）

図25　向野田古墳の埋葬施設

利と粘土を敷き詰めて、石棺をおいた後に板石でもって石室を構築する。石室の控え積みは墓壙の際まで及び、第一段目の墓壙は板石で満たされている。きわめて入念な石室の作りである。石室の内法は床面で長さ四・二五m、幅一・一〜〇・九四mを測り、高さは一・〇八mである。石棺は阿蘇凝灰岩を刳り抜いて作られたいわゆる舟形石棺である。蓋の両端に縄掛突起を持ち、突起を含めると長さ四・〇m、幅一〜〇・八七mを測る。石棺の内法は長さ二・八六m、幅〇・五四〜〇・四五mを測る。人骨とともに棺の内外からは多数の副葬品が検出された。

棺内には、人骨の頭部付近に三面の鏡が置かれる。頭部の後ろには内行花文鏡が鏡背（文様が描かれている側）を上に向けた形で置かれ、頭部の左上（左右は遺体の側からみての方向）には鳥獣鏡が、そして大型の方格規矩鏡が顔面の右側から鏡面（光が反射する側）を遺体の顔に向けて置かれていた。車輪石は右腕部に配され、本来は着装されていた可能性が指摘される。先述のようにこの腕輪配置は女性特有の配置である。上半身から下半身にかけては多量の玉が出土し、足もとには一九個分の貝輪が置かれていた。このように、棺内には武器・農工具類は一切なく、鏡と装飾品が中心の副葬品である。

刀剣類は棺内には置かれないが、棺外には刀四本・剣三本が槍一本・刀子七八本・鉄斧三個とともに置かれていた。刀剣と刀子は棺を取り巻くように、とくに遺体の上半身を囲うように置かれているところに特徴がある。

## 多くの女性首長

向野田古墳は孤立した存在ではない。向野田古墳のような地域首長墓において女性が主要埋葬施設に葬られている例はいくつも確認される。人骨が遺存していた例としては、京都府大谷古墳例や山口県赤妻古墳の例がある。前者は全長三二mの小規模前方後円墳であり、後円部墳頂部には箱形石棺が埋置されていた。石棺内に熟年前半の女性人骨が納められていた。棺内に鏡一面・鉄剣一・鉄斧一・刀子一・玉類三四が副葬されていた(3)。古墳時代中期の古墳と考えられている。後者は古くから女性人骨が検出されたことで知られる。同じく古墳時代中期の古墳で直径三〇mの円墳である。墳頂には首長墳によく用いられる舟形石棺があり、ここから女性人骨がみつかった。古い調査で副葬品の配置は不明な点が多いが、鏡三面・櫛・針・玉類が出土している。なお、舟形石棺の隣からは男性人骨が納められた箱形石棺もみつかっている。

人骨は分解して残っていなかったが、先に示したように石釧あるいは車輪石が被葬者の腕部に置かれる埋葬施設には、女性が埋葬されていると考えられる。表6は、腕輪の配置から女性首長であると確認された事例である。前方後円墳主要埋葬施設に埋葬された女性の事例が多いことに気づくであろう。

例えば大阪府和泉黄金塚古墳である。黄金塚古墳は全長九四ｍの前方後円墳で前期末葉から中期初頭と考えられる。後円部墳頂部に三つの粘土槨が配置されていた。そのうち真ん中にあってもっとも規模の大きい中央槨には、車輪石が右腕に、石釧が左腕の位置に置かれている。東槨には男性人骨が遺存し、甲冑が副葬されていたので、その比較からも古くから中央槨の被葬者は女性であると考えられていた。腕輪形石製品が腕に置かれていることから中央槨被葬者は女性と考えられる。腕輪以外に棺内に鏡一面・筒形水晶製品一・玉類多数が副葬されていた。棺外には刀九・剣三・短剣八・刀子一・斧九・鎌七などの工具と鏡が一面置かれていた。この棺外にあった鏡は「景初三年」の年号を持つ画文帯神獣鏡である。

また、正式な調査を経ていないため詳細な副葬品の配置は不明であるが、全長一〇〇ｍを超える前方後円墳である岡山県新庄天神山古墳の後円部墳頂からみつかった石棺では石釧が左腕に置かれていたことが知られている。また、群馬県元島名将軍塚古墳においても、同様に左腕部から石釧が検出され、被葬者は女性と考えられた。元島名将軍塚古墳は全長九一ｍを超える前方後方墳である。このように一〇〇ｍ級前方後円墳あるいは後方墳においても、女性首長の存在は複数例が知られているのである。

全長二〇m以上の古墳は、律令期における郡の三分の一から半分程度の領域を治める地域首長墓であることが多い。つまりは女性の地域首長が古墳時代前期には多くいたということである。

じっさいにはどの程度の割合で女性首長はいたのであろうか。比率を出すことは難しいが、考えるヒントはある。前期古墳は弥生時代の墳丘墓にくらべ調査例が多い上に、古墳には多くの副葬品が納められる。とくに鉄鏃や銅鏃は数も多く、前時代にくらべ広く普及しているものと考える。

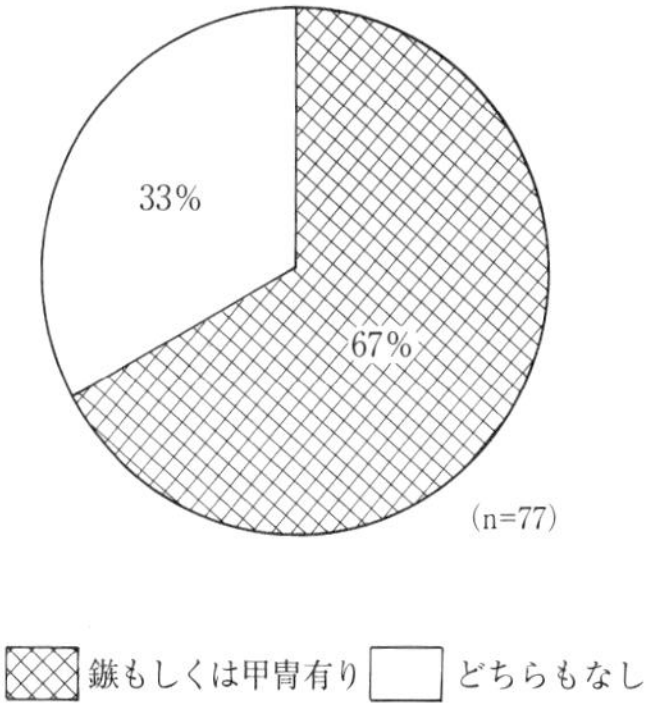


図26　前期古墳主要埋葬施設における鏃・甲冑の副葬率

また、甲冑の副葬は数的に限られているものの、これも男性専用の副葬品である。鏃と甲冑は男性専用の副葬品であるから、鏃および甲冑の副葬率を出せば男性首長の割合をおおよそ予想できる。

ただし、鏃あるいは甲冑があれば被葬者は男性であるということはできるものの、鏃と甲冑の副葬がないからといって被葬者は女性であるとはいえない。鏃・甲冑の副葬率は、男性首長の最低限の比率であり、裏腹の関係で女性首長の最大比率を出すことになる。

古墳時代前期における畿内の前方後円墳主要埋葬施設において、鏃・甲冑が副葬される割合は六七％であった（図26・清家二〇〇五）。また鈴木一有によると全国的には五〇％であるという（鈴木一九九六）。

畿内では代表首長のうち七弱割あるいはそれ以上が男性で、全国では五割以上を占めることになる。逆にいうと女性首長は畿内で約三割以下、全国で五割以下ということになる。この数値は女性首長の予想される最大値とはいうものの、鏃副葬は古墳時代に、とくに畿内ではポピュラーな存在である。それを首長墳で欠く理由は、性別によるものである可能性がもっとも高い。したがって、畿内では女性首長の数値が若干低いものの、三割から五割程度の女性首長が古墳時代前期に存在したと推測されるのである。

## 五　小結

弥生時代中期から古墳時代前期までを通して、女性は男性とともに首長層を構成していることが明らかである。しかし、女性の首長就任は時期によって大きな違いがあることが明らかであろう。弥生時代中期は女性の首長がまったくのところ認められない。しかし、弥生時代後期後半からその状況は変化し、古墳時代前期においては一定程度の女性首長が存在することが明らかである。

考古学的分析から明らかになった首長位と男女の関係は、おおよそ魏志倭人伝が記す内容と適合的である。邪馬台国がかつて男王を立てており、卑弥呼共立の後、再び男王を立てていることは、男王を基本としているといえる。

卑弥呼は弥生時代終末期の存在であり、その跡を継いだ台与が古墳時代前期初頭に活動したとするならば、弥生中期には男性首長が基本であり、弥生時代後期後半以降、女性首長が登場し始める考古学的様相と親和的である。女性が首長の地位に就き始め、さらにはその存在が一般的存在となる時期に卑弥呼と台与は登場したのである。彼女たちは、その社会においてまったく乖離して存在する訳ではないことがわかるであろう。地域首長レベルあるいは伊都国のような国レベルにおいて、女性首長や女王が存在する社会的状況と時代背景の中で彼女たちは倭国の女王として登場するのである。

［注］

（1）須玖岡本D地点は、じっさいには甕棺があった場所ではない。一八九九（明治三二）年に発見された副葬品が、埋め戻された場所がD地点なのであって、甕棺墓があったのは実際にはD地点よりも十数m南の地点である。しかし、慣例的にこの甕棺墓をD地点とよぶことがあり、本書もこれに従って記述している。

（2）近年、車輪石の祖型はオオツタノハ貝輪ではなく、ゴホウラ背面貝輪ではないかとする見解が北條芳隆によって示された（北條二〇一三）。これによって大きく論旨を変更することはないが、腕部配置の車輪石が女性被葬者に伴うことの意義はあらためて問う必要が出てこよう。

（3）女性埋葬施設の棺内に刀が副葬されているが、これは古墳時代中期の現象である。このことについては第Ⅲ章で述べることにする。

［参考文献］

石野博信　一九八三「古墳出現期の具体相」『考古学論叢』関西大学考古学研究室開設三十周年記念　関西大学：一一一―一三〇頁

今尾文昭　一九九一「遺物の配列組成　1　配列の意味」『古墳Ⅱ　副葬品』古墳時代の研究3　雄山

閣出版：二二九―二四五頁
会下和宏　二〇〇〇「西日本における弥生墳墓副葬品の様相とその背景」『島根県考古学会誌』第一七集　島根県考古学会：四九―七二頁
大庭重信　一九九九「方形周溝墓制からみた畿内弥生時代中期の階層構造」『国家形成期の考古学』大阪大学考古学研究室一〇周年記念論集　大阪大学考古学研究室：一六九―一八三頁
岡村秀典　一九九九『三角縁神獣鏡の時代』吉川弘文館
片山一道　一九九〇『古人骨は語る』同朋舎
片山一道・杉原清貴　一九九八「四分遺跡の合葬墓で出土した弥生時代の人骨」『奈良国立文化財研究所年報』一九九八―Ⅱ　奈良国立文化財研究所：八―一一頁
川西宏幸・辻村純代　一九九一「古墳時代の巫女」『博古研究』第二号　博古研究会：一―二六頁
近藤義郎　一九八四「四隅突出型弥生墳丘墓二題」『竹田墳墓群』竹田遺跡発掘調査報告第一集　鏡野町教育委員会：七七―八五頁
近藤義郎編　一九九二『楯築弥生墳丘墓の研究』楯築刊行会
白鳥庫吉　一九四八・一九四九「卑彌呼問題の解決」『オリエンタリカ』第一号・第二号（一九六九『白鳥庫吉全集』第一巻　岩波書店：七九―一七七頁）
鈴木一有　一九九六「前期古墳の武器祭祀」『雪野山古墳の研究』考察篇　八日市市教育委員会：一四五―一七四頁
清家　章　二〇〇一『古墳時代前・中期における埋葬人骨と親族関係』一九九九年度～二〇〇〇年度科学研究費補助金（奨励A）研究成果報告書　大阪大学大学院文学研究科

清家　章　二〇〇五「女性首長出現の背景」『待兼山考古学論集』大阪大学考古学研究室：四一一—四三二頁
清家　章　二〇一〇『古墳時代の埋葬原理と親族構造』大阪大学出版会
谷畑美帆・鈴木隆雄　二〇〇四『考古学のための古人骨調査マニュアル』学生社
高倉洋彰　一九七五「右手の不使用」『九州歴史資料館研究論集』一　九州歴史資料館：一—三一頁
高倉洋彰　一九九三「前漢鏡にあらわれた権威の象徴性」『国立歴史民俗博物館研究報告』第五五集：三—三八頁
高倉洋彰　一九九五『金印国家群の時代』青木書店
武田佐知子　一九九八『衣服で読み直す日本史』朝日選書
田中清美　一九八六「大阪府大阪市加美遺跡の調査」『日本考古学協会年報』三七（一九八四年度版）日本考古学協会：三〇五—三一一頁
田中良之　一九九一「弥生時代の親族構造」『九州・沖縄』新版古代の日本第三巻　角川書店：一〇一—一〇二頁
寺沢知子　二〇〇〇「権力と女性」都出比呂志・佐原真編『女と男、家と村』古代史の論点第二巻　小学館：二三六—二七六頁
富樫卯三郎ほか編　一九七八『向野田古墳』宇土市埋蔵文化財調査報告第二集　宇土市教育委員会
内藤虎次郎　一九一二「倭面土國」『藝文』二—六（一九七〇『内藤湖南全集』第七巻　筑摩書房：二八四—二八九頁）
直木孝次郎　二〇〇八『邪馬台国と卑弥呼』吉川弘文館

仁藤敦史　二〇〇九『卑弥呼と台与』山川出版社
馬場悠男編　一九九八『考古学と人類学』考古学と自然科学①　同成社
原田大六　一九九一『平原弥生古墳―大日孁貴の墓―』葦書房
藤田　等　一九七七「甕棺墓・土壙墓」『立岩遺跡』：河出書房新社：五五―九九頁
北條芳隆　二〇一三「腕輪形石製品」『副葬品の型式と編年』古墳時代の考古学4　同成社：一六〇―一七七頁
間壁葭子　一九八五「原始・古代にみる性差と母性」『母性を問う』（上）歴史的変遷　人文書院：四三―七八頁
松木武彦　一九九九「副葬品からみた古墳の成立過程」『国家形成期の考古学』大阪大学考古学研究室一〇周年記念論集　大阪大学考古学研究室：一八五―二〇四頁
溝口孝司　二〇〇〇「墓地と埋葬行為の変遷」『古墳時代像を見なおす』青木書店：二〇一―二七三頁
森　浩一　一九六五『古墳の発掘』中公新書
森　浩一　一九九一「黄金塚古墳と女性の被葬者」①②『古代学研究』一二四・一二五　古代学研究会：表紙裏
宮川　徏　一九九二「楯築弥生墳丘墓中心埋葬出土の歯牙について」近藤義郎編『楯築弥生墳丘墓の研究』楯築刊行会：一七八―一八〇頁
柳田康雄　一九八五「発掘された「倭人伝」の国々」『倭人の登場』日本の古代一　中央公論社：一八九―二一八頁
柳田康雄　二〇〇〇『伊都国を掘る』大和書房

# 3章　卑弥呼と女性首長の権能

## 一　はじめに

卑弥呼は、女性首長が出現し、かつ一般的に存在する時期に登場した。では、なぜ女性首長が弥生時代後期後半から登場し、古墳時代前期まで存在するのか。それまでは男性が首長に就任するのが一般的であったにもかかわらずである。

それを解き明かすには、男女の役割分担を明らかにする必要がある。これまでにも、ヒメヒコ制を唱える研究者は、女性が祭祀的役割を担い、男性が軍事などの世俗的役割を担うと主張していた。すなわち性別による権能の違いをとらえ、その違いが性別にかかわる地位の変化を招いたとの見解を示していた。それに対して、さまざまな見解があることは序章で記したとおりである。これまでの研究で述べられてきたことが本当かどうかを確かめるために性的役割分担を明らかにしておく必要がある。

## 二　性的役割分担の研究

### ①女性と戦争

**副葬品からみた戦争と男女**　副葬品から被葬者の性別を見極める作業を第2章で行った時、さまざまな副葬品の中で武器・武具類が性別をもっともよく反映することを述べた。弥生時代では武器が副葬されるのは男性に限定され、古墳時代になると刀剣とわずかな槍のみ女性に副葬されるものの、鏃と甲冑は男性に限られるのであった。このことから、軍事に関する権能に男女で違いがあることは明らかである。

女性の副葬品を初めて本格的に分析した今井堯は、女性被葬者に武器が副葬されることをもって軍事に女性が携わっていると説いた（今井一九八二）。この意見は広く流布し、女性史研究者に大きな影響を与えた。しかしながら、女性に副葬される武器をみれば、それは基本的に刀剣だけであり、種類を問わず武器武具が副葬されうる男性被葬者との違いは大きいといわざるを得ない。

さらに、女性に副葬される刀剣も出土位置が限られていることに注意したい。女性被葬者にともなう刀剣は弥生時代から古墳時代前期ではすべて棺外に置かれているのである。第2章で紹介した向野田古墳や黄金塚古墳の場合でもすべての刀剣は棺外に副葬されていた。女性被葬者が埋葬される棺内に刃物が副葬される事例はごく少数あるが、古墳時代においてはすべて長さ二〇cm以下である（図27）。これらは武器としての刀剣とすることはできず、工具としての刀子とするべきものである。これに対して男性被葬者の棺内には刀剣が長短を問わず納められ、その差は歴然である（図27・28）。すなわち弥生時代から古墳時代前期においては女性の埋葬施設では、棺内に一切の武器は副葬されないのである。

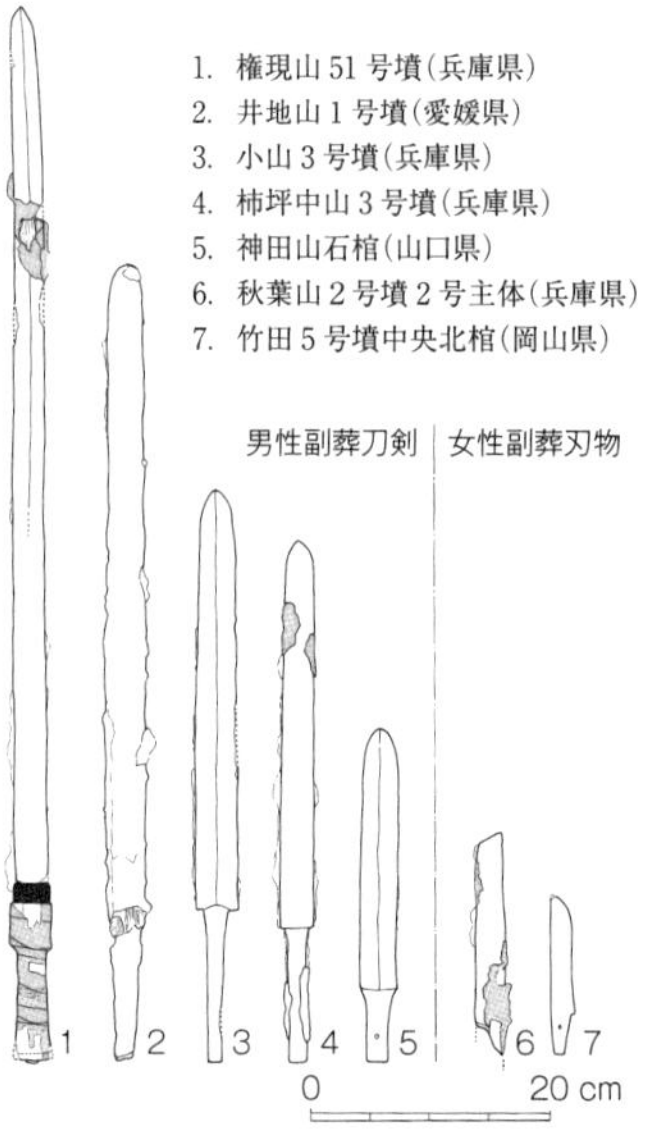

図27　古墳時代棺内刀剣の長さ比較（前期）

棺外に副葬品を置く行為は弥生時代の初めからあったのではなく、弥生時代後期から始まる新しい習俗である。この新しい習俗にはそれまでの副葬品にはなかった意味が付与されている可能性がある。とくに棺外の刀剣については泉森皎ら多くの研究者によって僻邪、すなわち邪霊から遺体を守護するという意味を持つと指摘される（泉森一九八五）。棺外に置かれる刀剣が僻邪の意味を強く持つとすると女性被葬者は武器としての機能を有する副葬品を持たないことになる。この傾向は首長層から一般層に至るまで徹底されている。

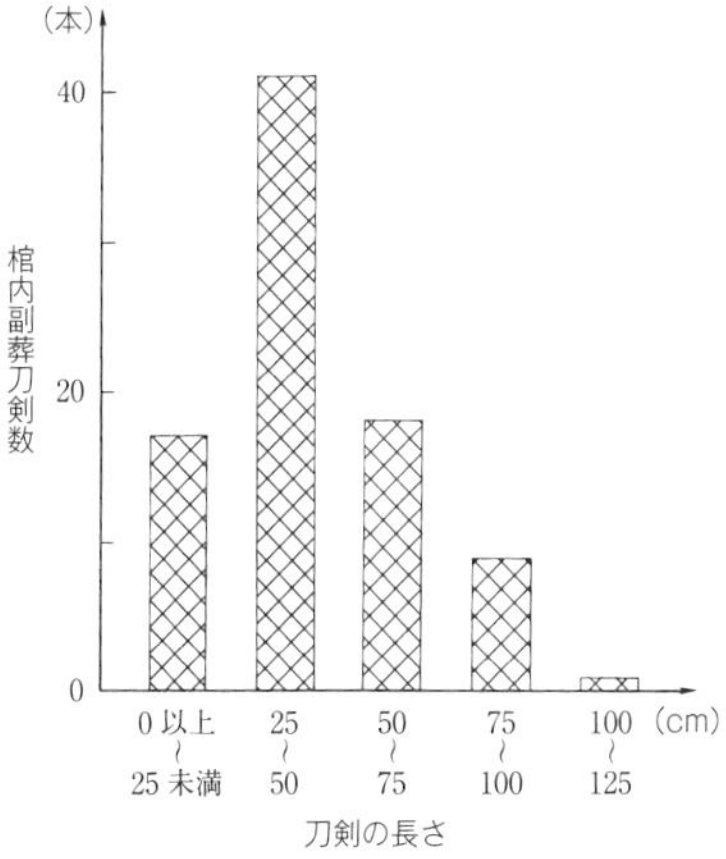


図28　男性埋葬施設棺内刀剣の長さ

ここまでのことを具体的な資料に基づいて確認しておこう。

図29は熊本県向野田古墳と滋賀県雪野山古墳の竪穴式石室における副葬品配置を比較したものである。前者は第2章で紹介したとおり九〇m級の前方後円墳で女性が埋葬される。雪野山古墳は全長七〇mの前方後円墳であり、刀剣の棺内配置・鏃・冑の副葬などから確実に男性の

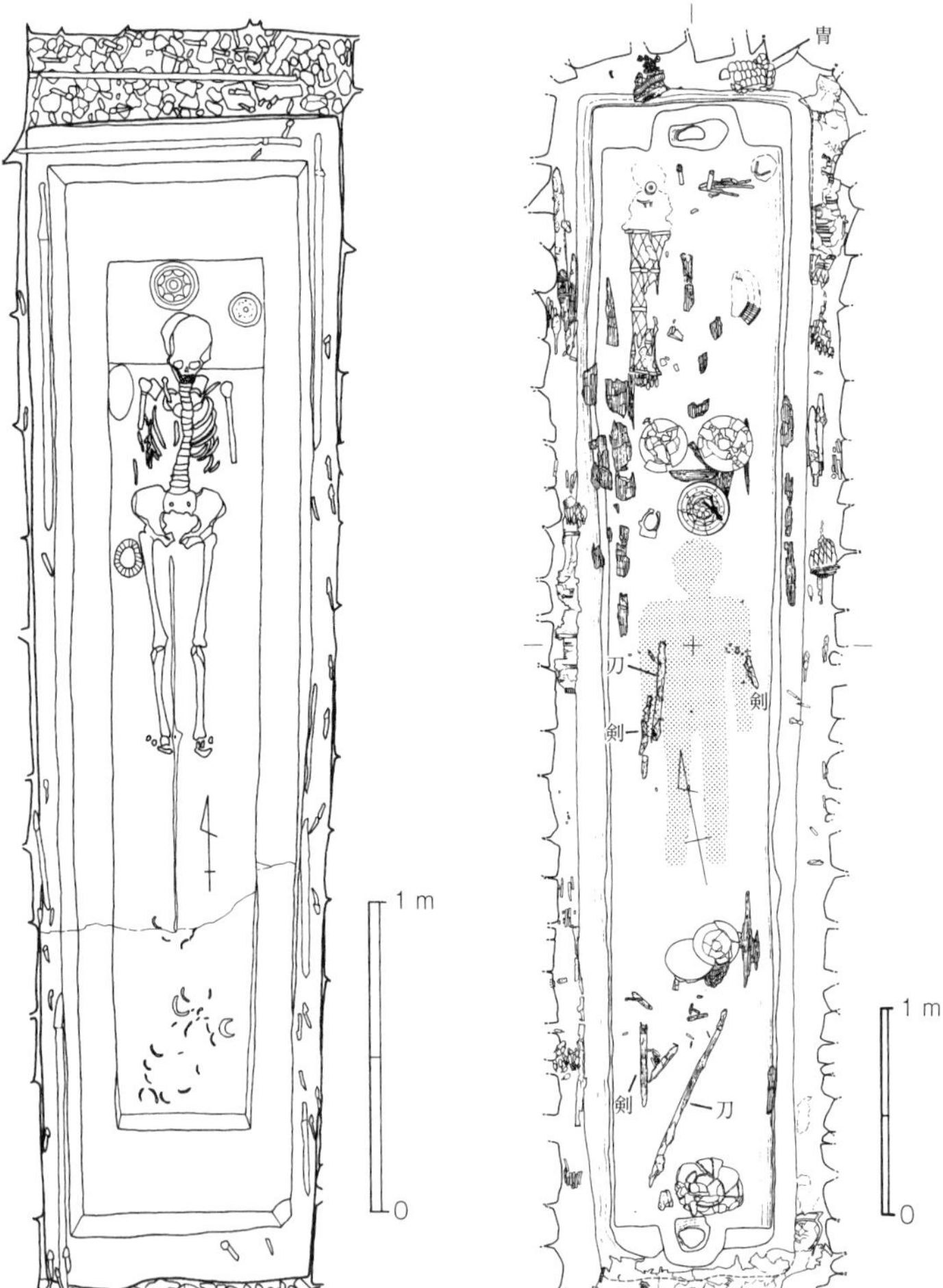


図 29　雪野山古墳と向野田古墳副葬品配置比較

埋葬と考えられる。両者は古墳時代前期の近しい時期にあり、墳丘規模もほぼ同格の古墳である。

雪野山古墳のように男性首長には、甲冑が副葬されることがあり、鏃・刀剣は棺の内外にかかわらず副葬される。一方、女性首長の向野田古墳は、甲冑も鏃も副葬されず、棺内にはいっさい武器は副葬されない。刀剣と槍が棺外に置かれるのみである。

また、一般層や小首長の男性には、鏃や刀剣が少量であるが副葬される。きわめて稀であるが甲冑も副葬されることがある。小規模墳においては女性被葬者に刀剣すら副葬されることはめずらしい。これらのことから考えると、男性首長層は軍事権にかかわったことは容易に想像でき、男性兵士の存在は明らかだといえよう。それにたいし、女性首長が軍事にたずさわったことは考えがたく、少なくとも軍事権にかんしては男性より劣位にあることは明らかだ。女性兵士の存在も想定しにくいのである。

このことは殺傷人骨からも裏付けられそうである。弥生時代の北部九州では埋葬施設に甕棺が用いられる。甕棺は人骨の保存に他の埋葬施設よりも優れており、甕棺墓から多くの人骨がみつかっている。その中には、武器で傷つけられた痕跡を持つ人骨があり、中にはその傷が致命傷となったと考えられる人骨がある。これを殺傷人骨とよぶ（図30）。

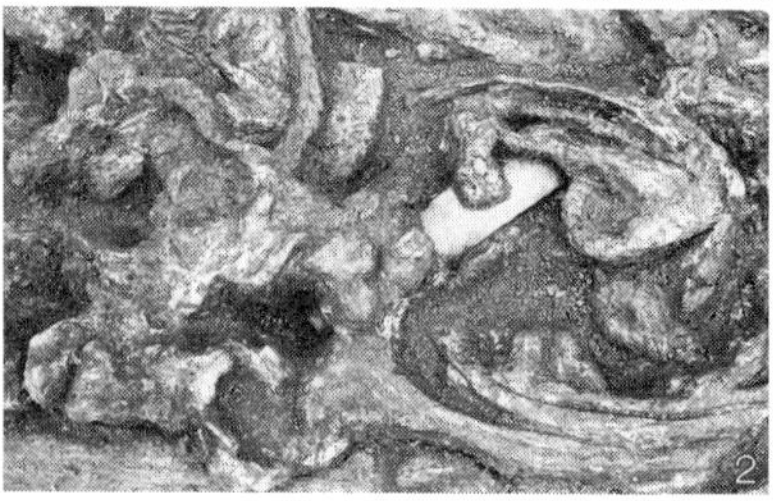

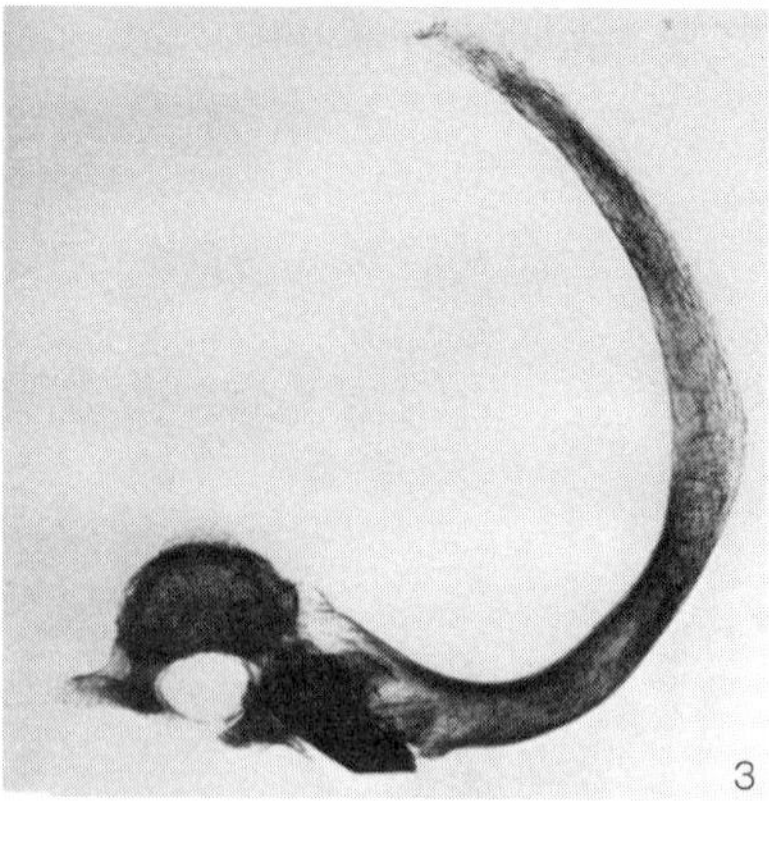

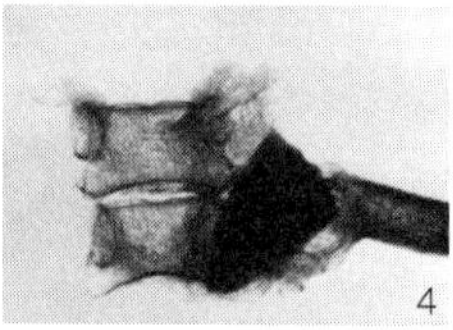

1. 勝部遺跡(大阪府)の人骨
2. 勝部遺跡石槍出土状況(拡大)
3・4. スダレ遺跡(福岡県)脊椎に石剣が刺さった状況
(1・2：豊中市教育委員会提供)
(3・4：飯塚市教育委員会提供)

図 30　殺傷人骨写真

弥生時代の殺傷人骨を分析した中橋孝博は、その多くが男性であることを明らかにしている（中橋一九九九）。長崎県根獅子遺跡例のような女性殺傷人骨もみつかってはいるが、その数は男性に比べて圧倒的に少ない。戦闘行為の中で男性が最前線に立っていた証拠であろう。以上のことから、弥生時代から古墳時代にかけて、女性が軍事にたずさわったことは考えがたい。女性首長は軍事権をもたず、女性兵士は基本的に存在しなかったと考えられる。

なお付言しておくと、古墳時代中期になると女性の武器副葬に若干の変化がみられる。女性被葬者の埋葬施設において棺内に刀剣が置かれるようになるのだ。しかし、これらの刀剣も武器としての意味合いは小さいと考えられる。なぜなら、男女を問わず、古墳時代中期になるとそれまで棺外に置かれていた副葬品が、一斉に棺内に移動することが知られているからだ（松木二〇〇七）。

それまで棺外にあった僻邪の意味を持つ刀剣が、古墳時代中期になって、棺内に移動してきたのである。したがって、古墳時代中期以降も女性被葬者に武器としての意味合いを持つ刀剣は副葬されていないのである。第2章で紹介した京都府大谷古墳には女性人骨とともに棺内に剣が納められるが、それは古墳時代中期ゆえの現象なのである。

## 文献史からみた軍事権と女性

考古資料から女性が軍事にかかわったという証拠は得る

ことはできない。しかし、文献史の側からは女性が戦争にかかわった記録があるとして、関口裕子（一九九七）や溝口睦子（一九八九）らは女性首長が軍事権を持ち、女性兵士が存在すると説く。はたしてその主張は正しいのであろうか。

溝口論文や関口論文などに掲載される、戦争・戦闘にかかわったとされる古代の女性記事をまとめると表7のようになる。結論から先に述べると、これらの記事から女性が戦争にかかわったと考えることはできない。

これらの記事は以下の六種類に分類することが可能である。それぞれの種類にそって説明を加えていこう。

A．男装の麗人タイプ（1・16）（番号は表7に対応。以下同じ。）
B．帰順・誅殺タイプ（2・3・4・5・7〜9・11〜13・27）
C．従軍タイプ（10・14・18〜21・24〜26）
D．男性軍事掌握タイプ（15）
E．名目的女性軍事掌握タイプ（23）
F．女性戦闘指揮タイプ（6・17・22）

Aの「男装の麗人タイプ」とは、女性が戦闘にかかわる際に男性の髪型をし男性の服装を着て、男の出立ちをなすものだ。二例しかなく、天照大神と神功皇后という神話あるいは実在が疑われる人物に関する記事である。

天照大神は、弟であるスサノヲノミコトが高天原に昇ってくる時に、スサノヲが敵対するものと勘違いをしてその対抗のため武装をする。その際に「髻（みずら）に為し、裳を縛きまつりて袴に為し」たという。要するに男性の髪型である髻にして、スカート状の裳をしばって袴のように着直したというのである。もう一例の神功は、夫である仲哀天皇が死んだ後、神のお告げに従って新羅に侵攻しようとする。その際に「吾婦女にして、また加以不肖（おさなし）。然れども暫く男の貌（すがた）を假りて、強ちに雄しき略（はかりごと）を起さむ。」と述べて、やはり男装するのである。男装は、女性が戦争に対してむしろ消極的存在であったことを意味しよう。軍事権や戦闘に女性が普遍的に携わるなら、わざわざ男の姿を借りる必要はない。普段から戦いに備えておけばいいだけの話である。天照は神話上の人物であり、神功はその実在性が疑われている。実在しない女性を架空の戦闘シーンに登場させる場合であっても、その虚構にリアリティーを持たせるためには彼女たちが男装することが必要だったのであろう。劇画の「リボンの騎士」でも「ベルサイユのばら」でも主人公は男装の麗人として戦いに挑む。とくに前者は女性であることを隠している。その世界で他の女

## 表7　戦争に関連する女性記事

| | 女性名 | 記述文献 | パートナー | 記載内容 | 地位 | 古事記の記載 |
|---|---|---|---|---|---|---|
| 1 | 天照大神 | 神代上第六段 | | 男装の上、武装。 | | 男装の上、武装。 |
| 2 | 菟狭津媛 | 神武即位前紀甲寅年10月 | 菟狭津彦 | 帰順。 | | 帰順。 |
| 3 | 名草戸畔 | 神武即位前紀戊午年6月 | | 誅される。 | | |
| 4 | 丹敷戸畔 | 神武即位前紀戊午年6月 | | 誅される。 | | |
| 5 | 新城戸畔 | 神武即位前紀己未年2月 | 他2人の土蜘蛛 | 反抗。 | 土蜘蛛 | |
| 6 | 吾田媛 | 崇神紀10年9月 | 武埴安彦 | 反乱・一軍を率いる。 | | 吾田媛の記載なし。 |
| 7 | 神夏磯媛 | 景行紀12年9月 | | 戦わず帰順。 | 一国魁帥 | |
| 8 | 速津姫 | 景行紀12年10月 | | 戦わず帰順。 | 一つ処の長 | |
| 9 | 諸縣君泉媛 | 景行紀18年3月 | | 戦わず帰順。 | | |
| 10 | 弟橘媛 | 景行紀40年10月 | 日本武尊 | 入水して暴風を鎮める。 | | 入水して暴風を鎮める。 |
| 11 | 足振辺 | 景行紀56年8月 | | 帰順。 | 首帥 | |
| 12 | 大羽振辺 | 景行紀56年8月 | | 帰順。 | 首帥 | |
| 13 | 遠津闇男辺 | 景行紀56年8月 | | 帰順。 | 首帥 | |
| 14 | 狭穂姫 | 垂仁紀5年10月 | 垂仁 | 兄・狭穂彦の稲城に入り、死。 | | |
| 15 | 田油津媛 | 神功皇后摂政前紀・仲哀天皇9年3月 | 夏羽 | 誅される。 | 土蜘蛛 | |
| 16 | 神功皇后 | 神功摂政前紀 | 仲哀 | 男装の上、一軍を指揮。 | | 男装・武装の記載なし。 |
| 17 | 婦樟媛 | 雄略紀7年是歳条 | 吉備上道臣弟君 | 夫を殺害して、手末才伎を引率。 | | |
| 18 | 吉備上道采女大海 | 雄略紀9年3月条 | 紀小弓宿禰 | 夫に従軍。 | | |
| 19 | 甘美媛 | 欽明紀23年7月 | 河辺臣瓊缶 | 夫に従軍して、捕虜。 | | |
| 20 | 大葉子 | 欽明紀23年7月 | 調吉士伊企儺 | 夫に従軍して、捕虜。 | | |
| 21 | 舎人姫王 | 推古紀11年7月 | 当麻皇子 | 夫に従軍中、死亡。 | | |
| 22 | 上毛野君形名妻 | 舒明紀9年3月 | 上毛野君形名 | 夫の代わりに女性を指揮。 | 夫は大仁・将軍 | |
| 23 | 斉明天皇 | 斉明紀7年正月～10月 | | 軍とともに九州へ。朝倉宮で死。 | 天皇 | |
| 24 | 大田姫皇女 | 斉明紀7年正月 | | 夫に従軍中、出産。 | | |
| 25 | 菟野皇女 | 天武元年6月 | 大海人皇子 | 壬申の乱、大海人とともに東国へ。 | | |
| 26 | 那古若 | 筑前国風土記逸文 | 狭手彦連 | 夫に従軍中、海上に放置。 | | |
| 27 | 海松橿媛 | 肥前風土記 | 単独 | 誅される。 | 土蜘蛛 | |

凡例
・本表は日本書紀を軸に、戦争・戦闘に関わったとされる女性記事を集成した表である。
・古事記の記事は日本書紀と同一の内容を示す件が多いので、日本書紀の記事を代表させ、古事記については最右列にその異同についてのみ記載した。
・本表は溝口1989・関口1997を参考に、清家が新たに資料を加えて作成した。
・文献記事の出典は、岩波古典文学大系の『日本書紀』上・下、同『古事記』、同『風土記』である。

性は軍事に主体的にかかわってはいない。それと同じことである。

記事の中で例数が多いのはBの帰順・誅殺タイプである。記紀は、女性首長が各地にいることを伝えている。地方首長は、ヤマト政権からみれば基本的に野蛮で平定されるべき存在であるので、男性首長も含めて土蜘蛛や魁帥《ひとごのかみ》などという、響きの良くない称号でよばれている。地方の女性首長に関する記述は記紀ともに淡泊で、彼女たちを平定しようとする大王や王族に対して、あっさり帰順するか殺されてしまう。戦闘にかかる記載は皆無なのである。溝口や関口らは、首長であるからには軍事を統括していたに違いないとの前提で話を進めるので、こうした場合であっても女性首長が軍事権を保持していた例に含めてしまう。しかし、女性首長が軍事権を持つあるいは関与しているかどうかを明らかにしようとする時に、そうした前提を認めること自体、論理的に間違っているといわざるを得ない。

Cの従軍タイプも類例が多い。女性が従軍する例をみいだしたのは関口裕子である。しかし、これらも夫に従って、軍と行動をともにしているだけで、軍事権を持つような存在ではないし、兵士として戦っているわけではない。関連する資料がFの女性戦闘指揮タイプにあるのでそこで再論する。

Dの男性軍事掌握タイプは、女性首長に伴う男性が軍を指揮することが明確なタイプである。田油津媛《たぶらつひめ》（表7―15）の例がこれに相当しよう。田油津媛は筑後国山門県の土蜘蛛で、新羅に攻め入る途中の神功皇后らに殺される。その時に兄の夏羽が軍を率いて田油津媛を救いに行くが間に合わず、田油津媛は殺され夏羽は逃亡する。ここでは、田油津媛が軍を指揮した様子は描かれず、夏羽が軍を指揮する。田油津媛が首長として名目的な軍事権は有していたかもしれないが、実質的には男性である夏羽が軍事を統率していた様子が読みとれる。

これまでの事例では、軍事権に関与する女性エリートや兵士として戦いに参加する女性を示す明確な例は認められなかった。軍事と女性の関係について検討を要するのがEとFタイプであろう。

E．名目的女性軍事掌握タイプは斉明大王（表7―23）の事例である。斉明大王が新羅に攻め入るために九州まで軍と移動する。これをどう理解するかである。しかし、この場合は中大兄王子の存在を忘れてはいけない。大王として斉明は親征を行うが、実質は中大兄王子が率いていた可能性が考えられよう。斉明の事例は、女性が軍を率いるが、実質は他の男性が軍を指導するタイプとすることができよう。Dタイプに近いが、こちらは名目的にではあるが軍事権を掌握している点でDタイプと違いを持つ。軍事権の掌握は名目的なもので、実質は他の男性によって指揮・統率が行われていたタイプなのである。

Ｆの女性戦闘指揮タイプは、女性が軍を指揮したことを記載する数少ない事例である。しかし、これとても女性が軍事権を日常的に保持したことを証明するには不十分である。

表7—17の婦樟媛《めくすひめ》は、百済に派遣された夫・吉備上道臣弟君が大王の命に背いたので、夫を殺害して大王の指示通り手末技伎《たなすえのてひと》を連れて帰国したという話である。ここでは、婦樟媛が軍を指揮したとは記されていない。むしろ、帰国する際には海部直赤尾とともに帰国しているから、彼が軍を指揮した可能性があろう。少なくとも婦樟媛が戦闘ならびに軍を指揮した記述はない。

また、表7—22は蝦夷と戦った上毛野君形名と従軍したその妻の記載である。彼女は、戦意を喪失した夫に代わり「親ら夫の劒を佩き、十の弓を張りて、女人數十に令して弦を鳴さし」めた。つまり、夫の剣をさして、女性に弓を持たせ、弦を鳴らし、その音で敵に兵士が多くいるようにみせかけたという。

ここにみるように、婦樟媛にしろ形名の妻にしろ、普段は戦闘を指揮していたとは考えられない。さらには軍事を掌握していたとも考えられない。形名の妻は夫から剣を借りているが、このことは彼女が戦地に従軍していたとしても、武器を持たず兵を指揮していなかったことを示す。普段から武器を持たない者が軍事を掌握したとは考えがたいからだ。彼女が指揮したという女性たちも男子兵に従軍していたと考えられる女性なのである。形名の妻と婦樟媛の話はむしろCの従軍タイプに所属するものであろう。

このように考えると、女性が軍を直接指揮したことを示す事例は表7―6の吾田媛《あたひめ》一人である。溝口睦子はこれを重視して、女性が軍事権を掌握したとの見解を示すのであるが、やはり証拠として数が少なすぎるといえよう。さらにいえば、古事記には吾田媛の夫である建波迩安王（紀では武埴安彦）の反乱記事はあるものの、吾田媛に関する記載はない。同じ事件において記紀の記載が異なるので、吾田媛が軍を率いた記載がどの程度史実が反映されて書紀に記載されたかは不明である。

男性兵士あるいは男性軍事指揮者の存在は記紀に枚挙にいとまなく記載される。このことから比較して考えれば、女性が軍事にかかわった記載はあまりに少ないといわざるを得ない。

## 「女軍」と「男軍」

日本書紀には「女軍（めいくさ）」と「男軍（おいくさ）」という用語が二ヶ所で記載される。「女軍」はその字面から女性兵士が中心になった軍団であるという理解もされている。女性兵士が存在する可能性を示す史料は、唯一「女軍」の記述があるに過ぎない。この記述について再考してみることにしよう。

a．時に國見丘の上に則ち八十《やそ》梟帥《たける》有り。又女坂に女軍を置き、男坂に男軍を置く。墨

坂に焃炭《おこしずみ》を置けり。其の女坂・男坂・墨坂の號は、此に由りて起これり。（神武即位前紀戊午年九月）（坂本ほか一九六七）

b．今は先づ我が女軍を遣して、忍坂の道より出でむ。虜見《あた》て必ず鋭を盡して赴かむ。吾は勁《つよ》き卒を駈馳せて、直に墨坂を指して、菟田川の水を取りて、その炭の火に灌ぎて、儵忽《たちまち》の間に、其の不意に出でば、破れむこと必じ。（中略）果たして男軍を以て墨坂を越えて、後より夾みて破りつ。（神武即位前紀戊午年十一月）（坂本ほか一九六七）

ここにみるとおり、「女軍」にしろ「男軍」にしろ、日本書起にはその内容を示す記述は存在しない。つまり、「女軍」に所属する兵士の人物名は記載されているわけではない。女性で軍を構成したことを示す根拠はその字面だけである。二カ所の記述を個々にみていこう。

aは、「女軍」と「男軍」を配置したところから、「女坂」・「男坂」との地名ができたとする地名譚となっている。これは溝口自身が指摘する通り、逆に地名から「女軍」・「男軍」の語が派生したとの理解も考えられよう（溝口一九八九）。

また、bをみると「女軍」は忍坂の道に派遣し、「勁き卒」を墨坂へ率いたとある。この「勁き卒」が、「男軍」のことであることは、あとで墨坂に派遣された兵が「男軍」と記載されることから明らかであろう。つまり、「男軍」は精鋭部隊で、「女軍」がそれよりも劣る弱兵であると記載されているのだ。兵が男女という性別で分けられているから、精鋭と弱兵になったということも、もちろん考えられるが、性別に関係なく精鋭と弱兵という二区分を男・女という言葉で表現したとも理解できるだろう。「女軍」を女性兵で構成された軍であると解釈する必要は必ずしもないのだ。

## 民族事例と戦争

都出比呂志は人類学のG.＝P.＝マードックの研究を整理し直して図31を作成した（都出一九八二・一九八九）。マードックは世界の民族誌を整理して、様々な労働に男女がかかわる比率をそれぞれ算出したのであった。この表には戦争という項目はないものの、都出は石や金属の加工と武器製作は戦争と密接な関係を有し、さらに戦争は交易ともかかわりを持つと指摘する。金属加工・武器製作と交易は、いずれも男性優位労働であることから、戦争も男性優位労働の一つであると都出は考えている。

## 小結

以上のことから、考古学的にも文献史料的にも、さらには殺傷人骨のあり方から人類学的にも女性首長が軍事権に関与した可能性は低く、女性兵士も存在しなかった可能性が高い。戦争は基本的に男性が担っていたと考えて良い。もっとも、従軍女性の存在や名目的軍事権を持つ女性は存在した可能性はあって、戦争に女性がまったく関与していなかったとはいいきれない。ただ、軍事権にかんしては男性がより優位にあり、かつじっさいの戦闘

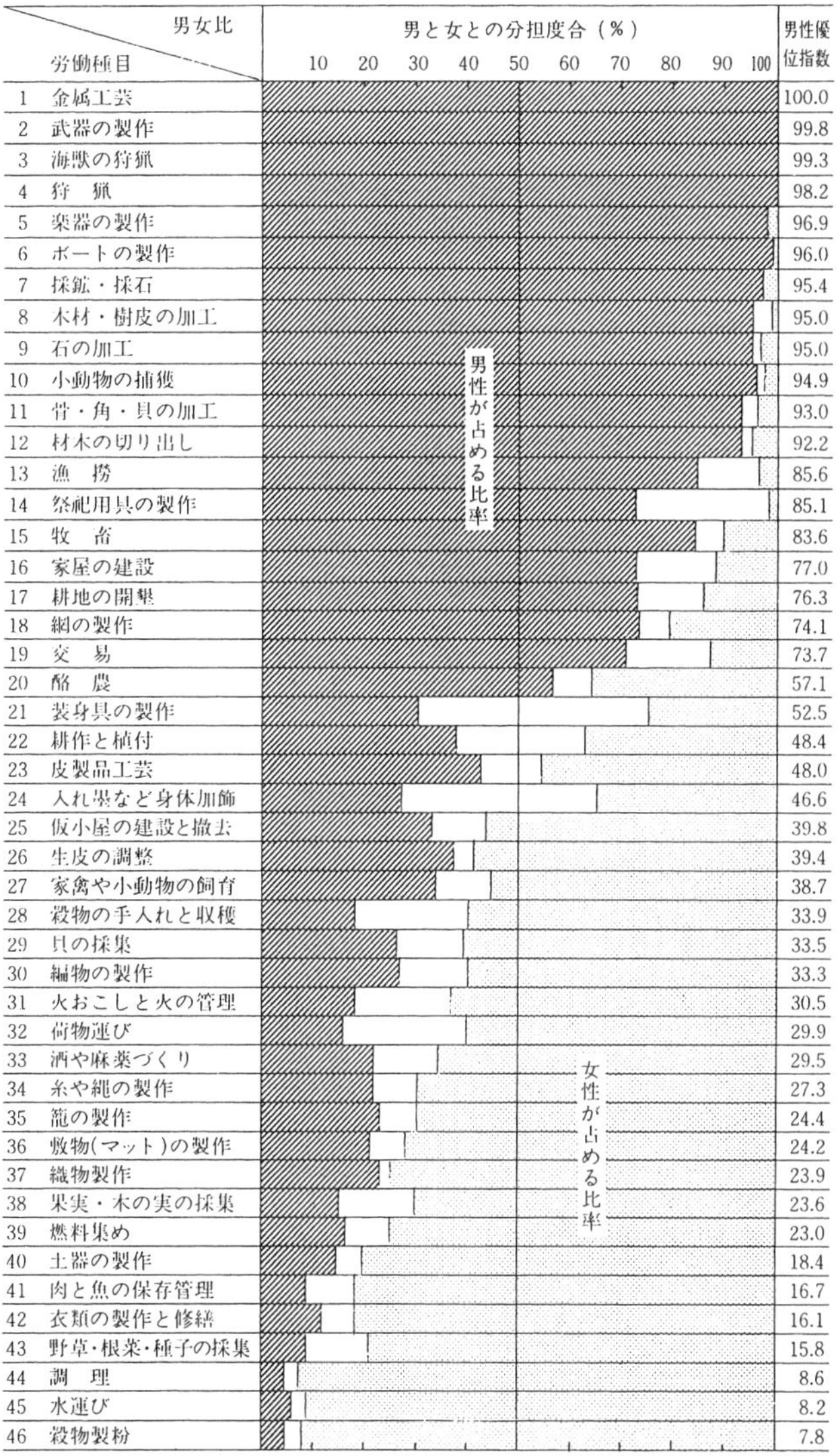

| | 男女比 | 男と女との分担度合（％） | | | | | | | | | | | | 男性優位指数 |
|---|---|---|---|---|---|---|---|---|---|---|---|---|---|---|
| | 労働種目 | 10 | 20 | 30 | 40 | 50 | 60 | 70 | 80 | 90 | 100 | | | |
| 1 | 金属工芸 | | | | | | | | | | | | | 100.0 |
| 2 | 武器の製作 | | | | | | | | | | | | | 99.8 |
| 3 | 海獣の狩猟 | | | | | | | | | | | | | 99.3 |
| 4 | 狩 猟 | | | | | | | | | | | | | 98.2 |
| 5 | 楽器の製作 | | | | | | | | | | | | | 96.9 |
| 6 | ボートの製作 | | | | | | | | | | | | | 96.0 |
| 7 | 採鉱・採石 | | | | | | | | | | | | | 95.4 |
| 8 | 木材・樹皮の加工 | | | | | | | | | | | | | 95.0 |
| 9 | 石の加工 | | | | | | | | | | | | | 95.0 |
| 10 | 小動物の捕獲 | | | | | | | | | | | | | 94.9 |
| 11 | 骨・角・貝の加工 | | | | | | | | | | | | | 93.0 |
| 12 | 材木の切り出し | | | | | | | | | | | | | 92.2 |
| 13 | 漁 撈 | | | | | | | | | | | | | 85.6 |
| 14 | 祭祀用具の製作 | | | | | | | | | | | | | 85.1 |
| 15 | 牧 畜 | | | | | | | | | | | | | 83.6 |
| 16 | 家屋の建設 | | | | | | | | | | | | | 77.0 |
| 17 | 耕地の開墾 | | | | | | | | | | | | | 76.3 |
| 18 | 網の製作 | | | | | | | | | | | | | 74.1 |
| 19 | 交 易 | | | | | | | | | | | | | 73.7 |
| 20 | 酪 農 | | | | | | | | | | | | | 57.1 |
| 21 | 装身具の製作 | | | | | | | | | | | | | 52.5 |
| 22 | 耕作と植付 | | | | | | | | | | | | | 48.4 |
| 23 | 皮製品工芸 | | | | | | | | | | | | | 48.0 |
| 24 | 入れ墨など身体加飾 | | | | | | | | | | | | | 46.6 |
| 25 | 仮小屋の建設と撤去 | | | | | | | | | | | | | 39.8 |
| 26 | 生皮の調整 | | | | | | | | | | | | | 39.4 |
| 27 | 家禽や小動物の飼育 | | | | | | | | | | | | | 38.7 |
| 28 | 穀物の手入れと収穫 | | | | | | | | | | | | | 33.9 |
| 29 | 貝の採集 | | | | | | | | | | | | | 33.5 |
| 30 | 編物の製作 | | | | | | | | | | | | | 33.3 |
| 31 | 火おこしと火の管理 | | | | | | | | | | | | | 30.5 |
| 32 | 荷物運び | | | | | | | | | | | | | 29.9 |
| 33 | 酒や麻薬づくり | | | | | | | | | | | | | 29.5 |
| 34 | 糸や紐の製作 | | | | | | | | | | | | | 27.3 |
| 35 | 籠の製作 | | | | | | | | | | | | | 24.4 |
| 36 | 敷物（マット）の製作 | | | | | | | | | | | | | 24.2 |
| 37 | 織物製作 | | | | | | | | | | | | | 23.9 |
| 38 | 果実・木の実の採集 | | | | | | | | | | | | | 23.6 |
| 39 | 燃料集め | | | | | | | | | | | | | 23.0 |
| 40 | 土器の製作 | | | | | | | | | | | | | 18.4 |
| 41 | 肉と魚の保存管理 | | | | | | | | | | | | | 16.7 |
| 42 | 衣類の製作と修繕 | | | | | | | | | | | | | 16.1 |
| 43 | 野草・根菜・種子の採集 | | | | | | | | | | | | | 15.8 |
| 44 | 調 理 | | | | | | | | | | | | | 8.6 |
| 45 | 水運び | | | | | | | | | | | | | 8.2 |
| 46 | 穀物製粉 | | | | | | | | | | | | | 7.8 |

図31 民族例による労働の性別分業（都出 1989 より）

は男性が指揮を行い、男性が兵士となっていたのであろう。

つとに指摘されることであるが、女王卑弥呼には男弟が仕えている。あるいは難升米の存在も重要である。なぜなら、邪馬台国と狗奴国との争いを卑弥呼が魏に報告した時、軍事的象徴の旗である黄幢は難升米に授けられているからである。邪馬台国の軍事権は男弟あるいは難升米がより積極的に掌握していた可能性が考えられよう。文献史料の分類であればD．男性軍事掌握タイプかE．名目的女性軍事掌握タイプであったのではなかろうか。

## ②女性と祭祀

**弥生土器の絵画と鳥装の人物**　本書の冒頭でも示した通り、柳田國男の「妹の力」やヒメヒコ制の影響から、祭祀は女性だけが担ったと考えることが多かった。文献史においては、後述の通り、岡田精司や義江明子などにより、祭祀に男女がかかわっているとの見解が示され、それがほぼ常識化している。しかし、考古学では未だに女性と祭祀のかかわりを強くみる考えが強い。しかし、それは資料に基づいた見解では決してない。考古学から性別と祭祀の関係を問うた研究は今井堯のそれ以外には少ないのである。そこで主に考古資料から祭祀に男女がどのようにかかわったかを考えてみることにする。

まず、弥生時代の土器絵画から考えてみたい。弥生土器には様々な絵が描かれるが、土器を作った人がいい加減にテーマを選んで絵を描いていたわけではない。絵画資料にはいくつかのパターンがあるようで、その中に祭祀と男女のかかわりを考えるのに重要な資料がある。鳥装の人物に関する絵画がそれである。

弥生時代の祭祀に鳥が重要な役割を果たしていることを明らかにしたのは金関恕である。金関は、大阪府池上曽根遺跡から出土した鳥形木製品を取り上げ、この鳥形木製品は『魏書』東夷伝馬韓条にある「蘇塗」ではないかとし、鳥は神の国と人の世を仲立ちする使者であると考える（金関一九八二）。その後、各地の弥生集落から鳥形木製品がみつかり、鳥形木製品を用いた祭りが広域に広まっていることが確認されている。

さらに、金関は鳥取県稲吉角田遺跡から出土した弥生土器の絵画についても分析を行い（図32）、鳥装の人物に関する基本的な性格を示したのであった（金関一九八四）。この土器の肩部には、二棟の高床式建物に向かって舟を漕ぐ人物が描かれている。高床式建物の左には木のようなものから吊り下げられた二個の紡錘形が描かれる。また土器破片が接合できなかったので位置関係は不明であるが、鹿と同心円模様も同じ土器に描かれていた。

舟の絵が描かれた箇所は部分的に失われているので、漕ぎ手は二人しか現在は確認されて

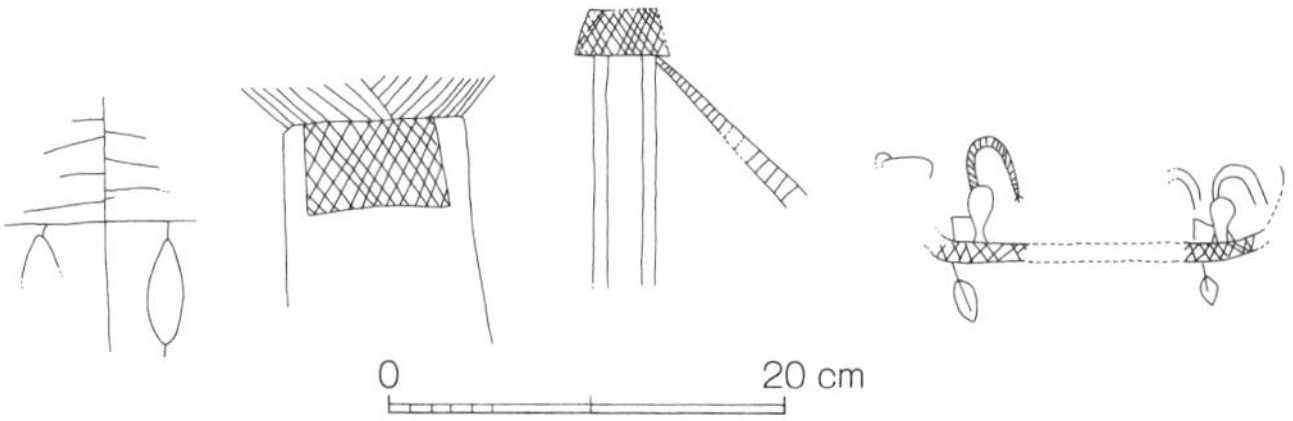


図 32　稲吉角田遺跡出土土器絵画

いないが、本来はもう少し漕ぎ手がいたかもしれない。彼らは頭に大きな飾りを付けていることがわかる。この頭の飾りは鳥羽根であろうとされる。このように鳥羽根を頭に付けたり羽根のような袖がついた服を着ることを鳥装とよんでいる。こうした鳥装の習俗や舟の形状などから、中国南部や東南アジアの稲作文化に連なる祭祀に関係する場面が描かれているという。高床式建物は神殿であり、樹木から吊り下げられている紡錘形は銅鐸であろうとし、弥生時代の農耕祭祀の場を具体的に示す絵画として評価したのである。

なるほど銅鐸とされる紡錘形のうち全体が残っている右側の方には、真ん中から下に短い縦線が引いてある。これは銅鐸を鳴らす際に用いる棒、すなわち「舌」だと考えると納得がいく。鳥装の人物は穀霊を祭りの場に運ぶ役割を担ったと金関は考えたのである。

鳥装の人物を描いた土器あるいは土製品は他にも散見される（図33）。佐賀県川寄吉原遺跡から出土した鐸形土製品には右手に戈を持った人物像が描かれている（図33―1）。この人物が左手に持つ棒状の製品は奈良県清水風遺跡例（図33—2・3）とあわせて考えると盾の可能性があるが、ここでは深く立ち入らない。重要なことはこの人物の頭部右から角のような線が描かれているることである。これは鳥羽根であって羽冠を頭にいただいていると考えることが一般的である。彼は鳥装の人物なのである。人物の左脇下には逆U字形の線が描かれ、その真ん中からやはり短い縦線が出ており、稲吉角田遺跡の紡錘形と同じ銅鐸であろうとされる。鐸形土製品に描かれているだけに、この逆U字形が銅鐸である蓋然性は高い（中村友一九八七）。

鳥装の人物に関する絵画資料は北陸から九州までの各地で出土しており、鳥装は少なくとも西日本一帯に広がっている祭祀の習俗であるといえる（中村慎一九九九）。また、稲吉角田遺跡例や川寄吉原遺跡例の紡錘形や逆U字形が銅鐸であるならば、鳥装の人物が取り扱った祭祀は弥生時代のきわめて重要な青銅器を用いた祭祀であったということができるだろう。

鳥装のあり方にはいくつかのパターンが認められる。大きく二種類に分けることができ、それぞれが性別の違いを示しているとされる（図33）（藤田一九九八・中村慎一九九九）。一種類は稲吉角田遺跡例や川寄吉原遺跡例のように頭に羽根状の飾りを付けるタイプである（図33—1〜5）。このタイプの人物は戈と盾を持つ場合が散見される。

弥生時代において武器副葬は男性に限られ、祭祀における武器使用もそれに準じて良いな

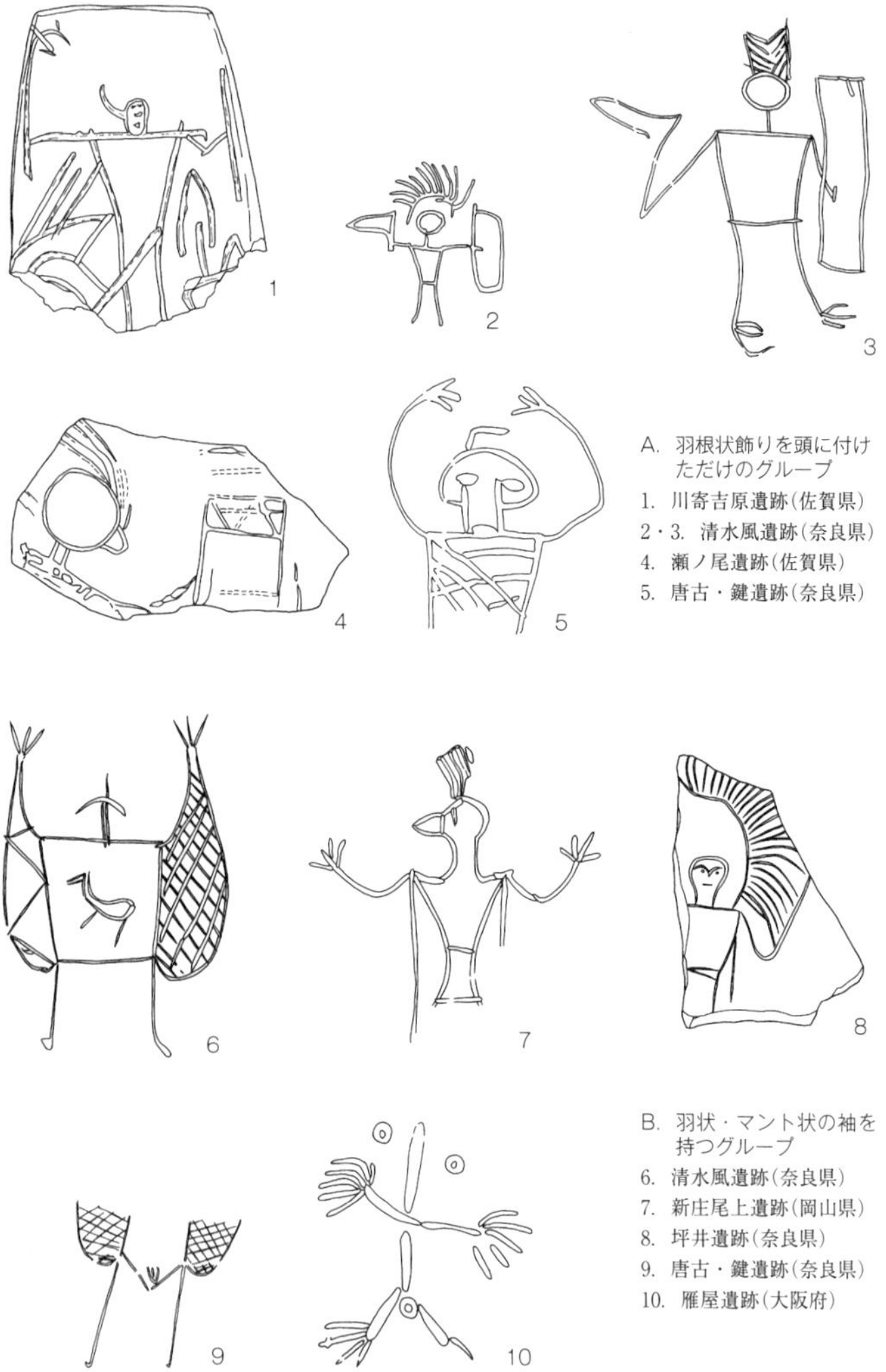


A. 羽根状飾りを頭に付けただけのグループ
1. 川寄吉原遺跡(佐賀県)
2・3. 清水風遺跡(奈良県)
4. 瀬ノ尾遺跡(佐賀県)
5. 唐古・鍵遺跡(奈良県)

B. 羽状・マント状の袖を持つグループ
6. 清水風遺跡(奈良県)
7. 新庄尾上遺跡(岡山県)
8. 坪井遺跡(奈良県)
9. 唐古・鍵遺跡(奈良県)
10. 雁屋遺跡(大阪府)

図33 鳥装の土器絵画

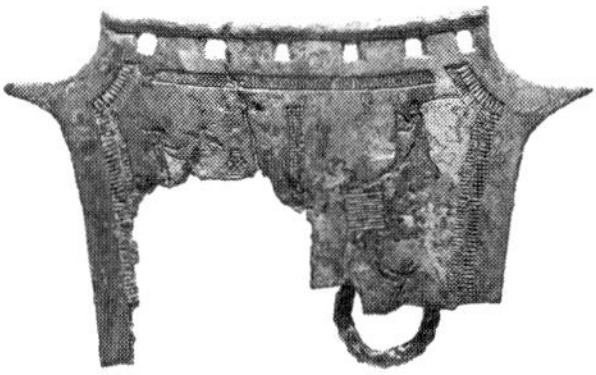

図34　韓国大田槐亭洞（ケジョンドン）遺跡の農耕文青銅器

（韓国国立中央博物館）

ら、これらの人物は男性である可能性は高い。日本の資料ではないが、韓国の大田槐亭洞（ケジョンドン）遺跡の農耕文青銅器には頭に羽根飾りを付けた人物が耕作をしている姿が描かれている（図34）。この人物は下半身を露出させ、男性器が描かれている。羽根飾りを付けた上で下半身を露出させて通常の農作業をするとは思えないので、これも農耕祭祀の姿であろう。隣国の資料であるが、羽根飾りの鳥装の人物が男性であることを示していよう。

もう一種類の鳥装は、腕に大きな羽状の袖がついていたり、あるいはそれがマント状に表現されるタイプである（図33—6～10）。奈良県坪井遺跡例の人物は大きな羽のような袖がついた腕を振り上げ、まさに鳥が大空を羽ばたくようである（図33—8）。奈良県清水風遺跡例と岡山県新庄尾上遺跡例はマント状の袖になっており、三本の指先は鳥の足のようであるし、新庄尾上遺跡の口は鳥のくちばしそのままである（図33―6・7）。清水風遺跡例の異様な頭部も鳥の顔を模したものかもしれない（図33―6）。甲元眞之は、鳥装の人物は仮面を被っていると推測する（甲元一九九四）。マント状の袖を持つ奈良県唐古・鍵遺跡の人物は下半身だけしか残っていなかったが、その下腹部には女性器が記されていることが注目される（図33―9）。また、大阪府雁屋遺跡例の腕部には羽状の大きな袖はないものの、手に大きな羽をはめているように描かれている（図33―10）。大きな羽を持つことで鳥装を表現しているということで、こちらのグループに含めることが可能であろう。この人物の股間には丸が描かれ、これも女性器と考えられる。以上のことから羽状の袖を持つタイプの鳥装は女性ではないかと考えられているのである。

中村慎一は、鳥装女性はシャーマンであり、祭儀の主役であるという。頭飾りを付ける男性は、女性シャーマンをトランス状態へ誘い込む祭儀の進行役であり、演出家であるという（中村慎一九九九）。しかし、鳥装をした男女の役割分担を土器絵画から読み取ることはきわめて困難である。そもそも鳥装の男女が一緒に描かれる土器はみつかっていないのだ。

さらに寺沢知子は奈良県清水風遺跡出土土器において鳥装の人物とともに丸で頭を表現した人物と三角頭の人物がいることに注目する。丸頭の人物を男性、三角頭が女性と推測して、男女ペアの祭祀の一場面だとする。その最も重要な祭祀は模擬的生殖儀礼だとする（寺沢二〇〇〇）。丸頭が男性で三角頭が女性であることは、銅鐸絵画の事例からみて妥当だと考えるが、彼らが祭祀にどの程度かかわったかは絵画からは不分明であるし、模擬的生殖儀礼もうかがうすべはない。土器絵画は稀な存在であり、破片として出土することが多いので、祭祀の全体像はまだ不明である。ここでは、男女がともに鳥装をすることがあり、男も女も銅鐸を使用するような重要な祭祀にかかわったということに注目しておきたい。

鳥装は古墳時代にも形を変えてみることができる。古墳時代の武器・武具研究で知られる鈴木一有は、古墳時代における特異な甲冑は鳥（獣）装の影響が強いとする。たとえば、襟付短甲は翼を広げた鳥の姿を彷彿とさせ、衝角付冑の中には、雲部車塚古墳例などのように瘤状突起を衝角に持つ個体がある。その姿はまるで鳥のくちばしである（図35）。衝角付冑の頂部に付属することのある三尾鉄には、鳥羽根がついていたと想像されるなど（図36）、鳥装を意識させる事例があるというのである。甲冑は実戦もさることながら、様々な儀礼的場面にも用いられると鈴木はいう。鳥装の意味するものは時代とともに変化するものの、時代が変わっても儀礼に鳥装が用いられているのである（鈴木一九九九）。この指摘はきわめて重要で、甲冑が男性にのみ副葬される副葬品であることから、古墳時代の男性首長は積極的に儀礼＝祭祀を執行していたことが、ここから想像される。

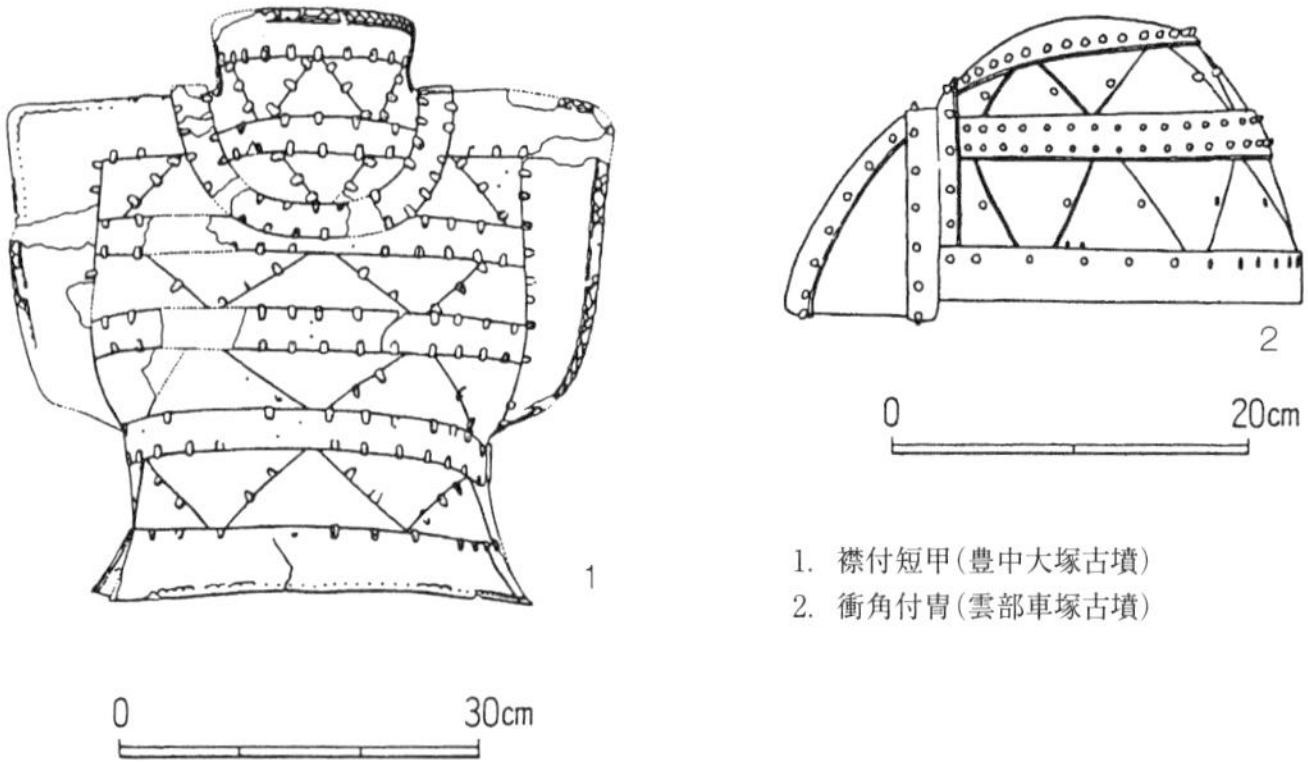

1. 襟付短甲(豊中大塚古墳)
2. 衝角付冑(雲部車塚古墳)

図35　襟付短甲と特殊な衝角付冑（鈴木 1999 より）

## 副葬品からみた祭祀と男女

副葬品の組み合わせについてはすでに第2章でみたとおりである。弥生時代にしろ古墳時代にしろ、鏡・玉類など祭祀に強くかかわる副葬品は、男女ともに持つことが明らかである。弥生時代における貝輪は男女によって種類が異なり、その違いは古墳時代の腕輪形石製品にも部分的に反映される。貝輪を装着する人物が祭祀にかかわり、貝輪の種類が祭祀のかかわり方の違いを示すとしても、貝輪を男女ともに装着すること自体は、両性が祭祀にかかわっていたことを示すであろう。

祭祀に重要な鏡についてみても、人骨に伴う鏡種を男女で比較してみると、その両者に大きな差はほとんどないといえよう。図37左は、古墳時代において男性人骨に副葬された鏡の種類の割合を示し、図

37右は女性人骨あるいは腕輪の配置から女性が葬られたと考えられる埋葬施設に副葬された鏡種の割合を示したものである。表8～表10はその内容を示し、図37の根拠となるものである。男性と女性の間には副葬される鏡の種類にかかわったおおよそ差がないことが理解できよう。しかし、寺沢知子は、男女に鏡が伴うことは共通していても、男女で使用する鏡の種類が違うのではないかと述べる。そうすると祭祀へのかかわり方は男女で異なる可能性がでてくる。寺沢は、女性には三角縁神獣鏡が副葬されず、時期的に限定されるものの伝統的に内行花文鏡が副葬されると述べている（寺沢二〇〇〇）。

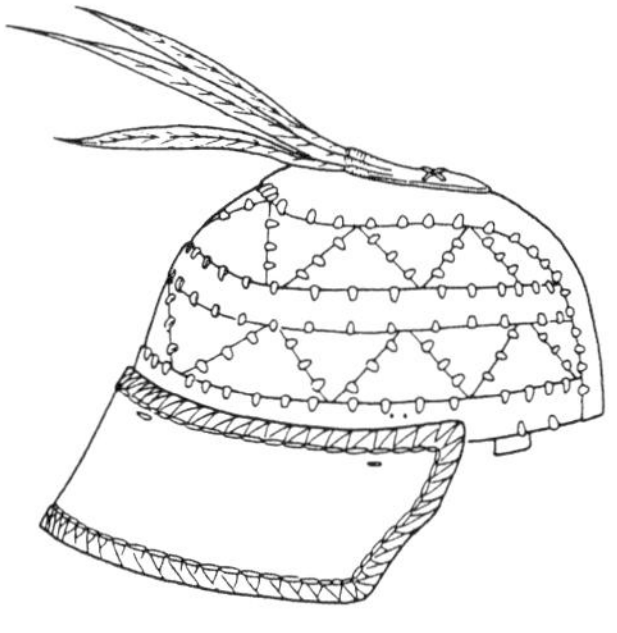

図36　衝角付冑と鳥の羽根飾り
（鈴木1999より）

確かに、女性人骨に伴う内行花文鏡の割合は男性よりやや高く、三角縁神獣鏡は確認されない（表9）。しかし、これは検出された女性人骨の数が少ないことによる。人骨を伴わないが石釧あるいは車輪石を腕部に配置される埋葬施設、ここには女性が埋葬されたと考えられる。これらの例を加えて検討してみると、女性被葬者に三角縁神獣鏡が副葬される例がある（表10）。大分県免ヶ平古墳は全長四〇ｍの前方後円墳である。この後円部には

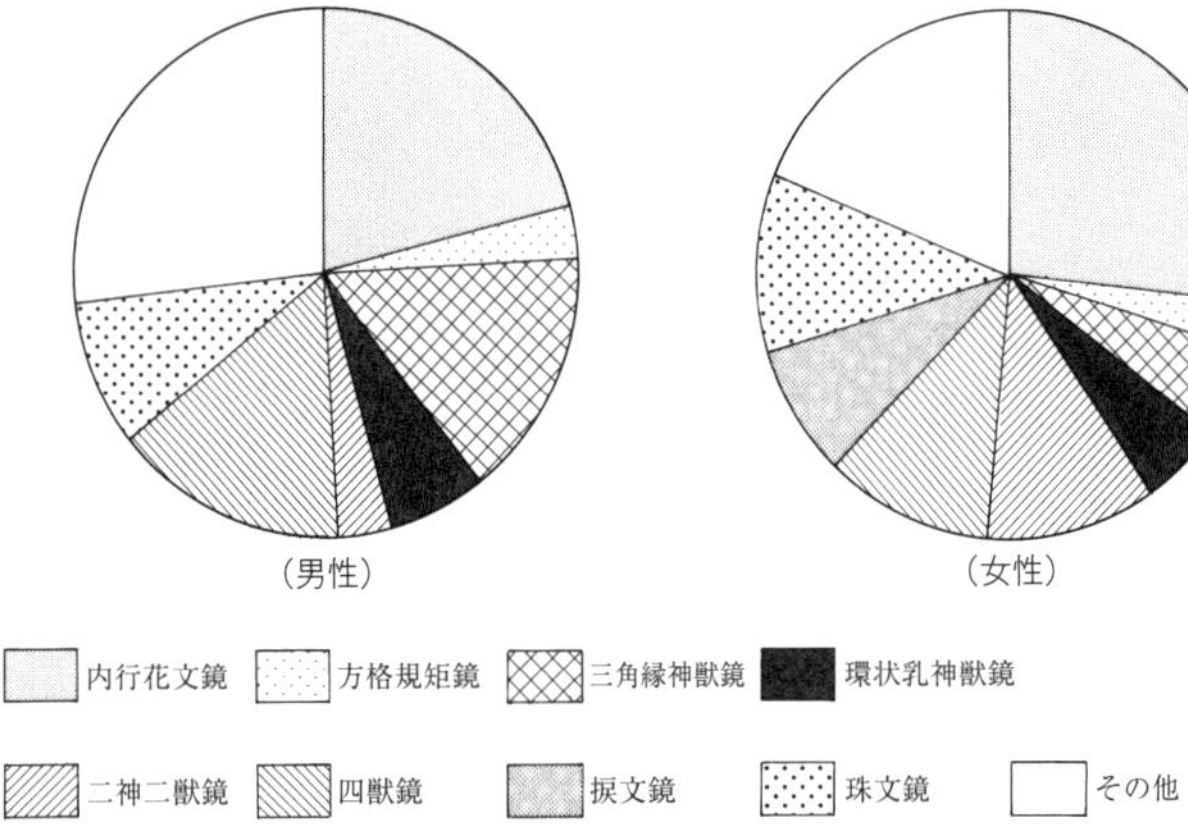


・男性用円グラフ（左側）は表8に、女性用円グラフ（右側）は表9・表10に基づく

図37　鏡種と性別の関係

竪穴式石室と箱形石棺が配置されている（図44）。竪穴式石室と箱形石棺の両方で、石釧が腕部に配置されていた。この方式は被葬者が女性であることを示す。箱形石棺には人骨も遺存しており、女性であると判定されている。このうち竪穴式石室から三角縁神獣鏡が出土しているのである。広島県中小田古墳竪穴式石室例も同様である。車輪石が腕部に置かれていたとされ、三角縁神獣鏡が副葬されている。そもそも三角縁神獣鏡は卑弥呼が魏から入手した鏡百枚の一部を構成するとされる。女王が入手した鏡を女性が使用しないというのはきわめて奇異なことである。

　内行花文鏡が女性に限定されるという指摘の根拠もじつは明確でない。弥生時代後期の平原

### 表8　男性人骨と共伴する鏡

| 古墳名 | 所在地 | 人骨性別 | 鏡式名 |
|---|---|---|---|
| 三昧塚古墳 | 茨城県 | ♂ | 変形四神獣鏡・変形乳文鏡 |
| 三池平古墳 | 静岡県 | ♂ | 変形方格規矩四神鏡・変形四獣文鏡 |
| 作山1号墳 | 京都府 | ♂ | 四獣形鏡 |
| 黄金塚古墳東槨 | 大阪府 | ♂ | 盤龍鏡（半三角縁）・環状乳神獣鏡・環状乳神獣鏡 |
| 権現山51号墳 | 兵庫県 | ♂ | 三角縁神獣鏡5 |
| 快天山古墳第3号石棺 | 香川県 | ♂ | 内行花文鏡 |
| 前山古墳 | 徳島県 | ♂ | 内行花文鏡 |
| 節句山2号墳 | 徳島県 | ♂ | 四獣鏡 |
| 月の輪古墳中央主体 | 岡山県 | ♂ | 珠文鏡 |
| 浅川3号墳 | 岡山県 | ♂ | 倣製内行花文鏡 |
| 石鎚山1号墳第1主体 | 広島県 | ♂ | 斜縁二神二獣鏡 |
| 石鎚山2号墳第1主体 | 広島県 | ♂ | 円座内行花文鏡（破片）・蝙蝠座内行花文鏡（破片） |
| 赤妻古墳箱形石棺 | 山口県 | ♂ | 四獣形鏡 |
| 位登古墳 | 福岡県 | ♂ | 内行花文日光鏡系弥生小型倣製鏡 |
| 老司古墳2号石室 | 福岡県 | ♂♂ | 変形文鏡 |
| 立山山古墳群23号墳 | 福岡県 | ♂ | 珠文鏡 |
| 立山山古墳群24号墳 | 福岡県 | ♂ | 倣製四獣鏡 |
| 立山山古墳群25号墳 | 福岡県 | ♂ | 珠文鏡 |
| 潜塚古墳1号棺 | 福岡県 | ♂ | 神人竜虎鏡 |
| 南方裏山古墳 | 福岡県 | ♂ | 虺龍鏡 |
| 猫塚古墳 | 大分県 | ♂♂ | 平縁式六獣鏡・鳥獣文鏡 |
| 西潤野2号墳 | 熊本県 | ♂ | 素文鏡 |
| 阿蘇谷石棺 | 熊本県 | ♂ | 内行花文鏡 |

凡例
・鏡式名は、『国立歴史民俗博物館研究報告』第56集（1994年）に準じており、報告書の鏡式名と異なる場合がある。

表9　女性人骨と共伴する鏡

| 古墳名 | 所在地 | 人骨性別 | 鏡式名 |
|---|---|---|---|
| 大谷古墳 | 京都府 | ♀ | 捩文鏡 |
| カチヤ古墳 | 兵庫県 | ♀ | 珠文鏡 |
| 田多地引谷5号墳第1埋葬施設 | 兵庫県 | ♀ | 珠文鏡 |
| 向山2号墳第2主体 | 兵庫県 | ♀ | 八弧内行花文鏡 |
| 鹿隈箱式石棺群前ノ原グループ第7号 | 香川県 | ♀ | 内行花文鏡 |
| 快天山古墳第2号石棺 | 香川県 | (♀) | 内行花文鏡 |
| 今岡古墳組合せ式陶棺 | 香川県 | ♀ | 一仙五獣形鏡 |
| 恵解山2号墳東棺 | 徳島県 | ♀ | ダ龍鏡 |
| 月の輪古墳南主体 | 岡山県 | (♀) | 倣製八弧内行花文鏡 |
| 千人塚古墳 | 広島県 | ♀ | 珠文鏡 |
| 馬山4号墳第2主体 | 鳥取県 | ♀ | 倣製環状乳神獣鏡 |
| 赤妻古墳舟形石棺 | 山口県 | ♀ | 位至三公鏡・倣製五弧内行花文鏡・捩文鏡 |
| 七夕池古墳 | 福岡県 | ♀ | 倣製七弧内行花文鏡 |
| 免ヶ平古墳第2主体 | 大分県 | ♀ | 斜縁二神二獣鏡 |
| 向野田古墳 | 熊本県 | ♀ | 内行花文鏡・方格規矩鏡・倣製四獣形鏡 |

凡例
・鏡式名は、『国立歴史民俗博物館研究報告』第56集（1994年）に準じており、報告書の鏡式名と異なる場合がある。
・性別に（　）が付いている個体は判定が不確かな資料。

墳丘墓で超大型内行花文鏡が副葬されていることと、三角縁神獣鏡と内行花文鏡が共伴する事例が少ないことが根拠のようである。平原墳丘墓は被葬者が女性である可能性があることは第2章でも示している通りである。

ただ第2章で示した三雲南小路遺跡第1号棺副葬鏡には内行花文鏡（連弧文鏡）が含まれることからわかるように、弥生時代から男性エリートと思われる墳墓に内行花文鏡が副葬される事例もある。伝統

表10　腕輪配置から推測される女性被葬者と副葬された鏡

| 古墳名 | 所在地 | 人骨性別 | 鏡式名 |
|---|---|---|---|
| 桜塚古墳 | 茨城県 | | 変形四獣鏡 |
| 新皇塚古墳北槨 | 千葉県 | | 内行花文鏡 |
| 大厩浅間様古墳 | 千葉県 | | 珠文鏡 |
| 元島名将軍塚古墳 | 群馬県 | (♀) | 変形四獣鏡 |
| 龍ヶ岡古墳 | 福井県 | ♂♀ | 二神二獣鏡・捩文鏡 |
| 交野東車塚古墳 | 大阪府 | | 変形四獣形鏡・変形二獣形鏡 |
| 娯三堂古墳 | 大阪府 | | 画文帯環状乳神獣鏡 |
| 黄金塚古墳中央槨 | 大阪府 | | 半円方形帯神獣鏡・二神二獣鏡 |
| 池ノ内1号墳東棺 | 奈良県 | | 内行花文鏡 |
| 池ノ内1号墳西棺 | 奈良県 | | 重圏鋸歯文帯鏡 |
| 谷畑古墳 | 奈良県 | | 倣製六弧内行花文鏡 |
| 中小田古墳 | 広島県 | | 三角縁神獣鏡・半肉彫獣形鏡（斜縁獣帯鏡） |
| 免ヶ平古墳第1主体 | 大分県 | | 三角縁神獣鏡・斜縁吾作銘二神二獣鏡 |

凡例
・鏡式名は、『国立歴史民俗博物館研究報告』第56集（1994年）に準じており、報告書の鏡式名と異なる場合がある。
・性別に（　）が付いている個体は判定が不確かな資料。

的に内行花文鏡が女性に副葬されるという指摘は成り立たないのではないか。寺沢は三角縁神獣鏡が男性専用の鏡であるから、それと共伴しない内行花文鏡は女性に副葬されるのではないかとするが、上述のように三角縁神獣鏡が女性にも伴うとするならば、この根拠も失われた。

寺沢は、雪野山古墳（図29―b）のように男性首長に内行花文鏡が伴う場合、女性の祭祀を男性首長が集約したと解釈し、そうした行為が続いた結果、女性が担ってきた内行花文鏡による祭祀は古墳時代中期には基盤的な祭祀となったと解釈し、それ以降は男女ともに内行花文鏡が副葬されるという。

しかしそのような理解をせずとも、内行花文鏡は弥生時代以来ずっと男女両方に副葬されてきたと考えればいいのではないか。古墳時代前期において女性首長に伴う内行花文鏡が突出して多くはないし、逆に弥生時代・古墳時代前期に男性首長に伴う内行花文鏡があるということは、つまりは弥生時代から古墳時代を通じて内行花文鏡は両性に副葬され続けているわけである。そのほかの鏡種でもとくに男性と比率が異なる鏡種はない。祭祀にかかわる男女の役割の違いを考古資料から今のところみいだすことはできないのである。

序章で示したように、寺沢は、義江明子の祭祀論を咀嚼し、男女による模擬的生殖儀礼が古代祭祀の基本であり、その後男性が女性の祭祀を吸収して女性の地位が低下すると考える。鏡保有論からそれを立証しようとしたのであるが、その前提にとらわれるあまり、前提にあわせた解釈をしてしまっているのである。

再び図29を用いて男性首長墳と女性首長墳の副葬を比較してみてみよう。すると、武器・武具の副葬にかんしては違いがあるが、鏡や腕輪形石製品などの祭祀具の種類や配置に違いは認められない。雪野山古墳にしても向野田古墳にしても棺内に鏡が配置される。雪野山古墳には足元にも鏡が置かれるが、頭部に重きを置いて鏡を配置している点は雪野山も向野田も共通する。向野田古墳で車輪石が腕部にあるのは女性である特徴だからであり、それ以外に両者に違いはない。副葬品からは、祭祀に対する男女のかかわりに差はなく、両者ともに祭祀にたずさわった可能性が考えられよう。

## 航海の祭祀と女性首長

女性首長や女王の祭祀的能力を強調して、その能力を以て女性による首長位継承や王位継承を説明することがこれまで多かったが、それは女性首長が例外的であると考えて、その例外を説明するための理由が求められた結果、祭祀的側面が強調されてきたのだと思われる。祭祀の能力は重要であるが、男女が同等に祭祀を担当するのであるから、女性の祭祀的能力だけを強調しても意味はない。

女性首長が港や航海にかかわっており（森一九八七・間壁一九八七）、とくに航海における女性の祭祀的側面を重視すべきだという見解が示されている（寺沢二〇〇〇）。これも女性首長が特別な存在であると考えるため、その存在理由を特殊な能力に求める思考法だと考えられる。そもそも女性首長が葬られている古墳が、海や港と関係するという指摘自体がすでに偏った考えであろう。首長墳が陸海にかかわらず交通路を視野に入れて築造されていることは先学の多くが指摘しているところであるからだ。

確かに女性人骨が遺存した向野田古墳・鳥取県長瀬高浜遺跡1号墳・兵庫県得能山古墳は

海辺に近く、港が近くにあるかもしれない。しかし、航海や港と女性首長の結びつきを証明するには、女性首長墳がすべて海路に関係しているか、あるいは男性首長墳が海と関係しない地域にあることを証明する必要がある。しかし、そうした証明がなされているわけではない。寺沢は女性首長墳の七割が海の要路にあると述べるが、七割の根拠は示されていない（寺沢二〇〇〇）。

何をもって海辺の古墳とするかは、実のところ基準がない。日本は海に囲まれているから、平野の多くは海に面している。平野部の山沿いにあったとしても川を下れば海にたどり着くから、その古墳の被葬者も航路や港を掌握していたかもしれない。海や航路との関係の有無を古墳の立地から考えることは簡単にできるものではない。

そうした中でも盆地や山中あるいは平野部でも海から相当離れ、海や航路とは関係ないということのできる古墳で女性が主要埋葬に埋葬された古墳は複数認められる。奈良盆地の東南部奥に位置する谷畑古墳や群馬県元島名将軍塚古墳、広島県千人塚古墳、京都府大谷古墳はいずれも女性首長墳である。これらは海から離れた盆地や内陸地帯にあるので海や航路に関係していないと考えられる。

逆に海辺や海辺に面した平野にある古墳で、鉄鏃や甲冑など男性的副葬品を持つ古墳は枚挙にいとまない。男性首長であろうが女性首長であろうが、首長墳が交通路をにらんだ位置にあるのは自然なことである。海辺の古墳においても男性首長が認められるのであるから、先の仮説は全くのところ成り立つ余地がない。古墳時代前期には女性首長が一般的に存在する。そのなかで女性首長は男性首長と同様に陸海の交通路を掌握していたと理解すべきであろう。

## 文献史料にみる祭祀と男女

祭祀と男女の役割については考古学よりも文献史がむしろ積極的にその関係を明らかにしていた。とくに岡田精司（岡田一九八二）と義江明子（義江一九九六）は、古代において男女がともに祭祀にかかわっている実態を明らかにしている。文献史において、祭祀＝女性というような通俗的な概念はすでに払拭されているといって良い。

岡田は、日本書紀における男性の神祭りをとりあげ、基本的に男女が共にかかわって祭祀を行っている実態を明らかにした。

神功皇后の託宣はその内容を具体的によく示す例である。仲哀天皇の妃とされる神功は、仲哀の熊襲平定時に神懸かりをし、新羅侵攻の託宣を受ける。日本書紀によれば神功の託宣は数度あり、そのうち神功皇后摂政前紀（仲哀九年三月）では、神功が「神主」となり、武内宿禰に琴を弾くことを命じ、中臣烏賊津使主《いかつおみ》が審神者《さにわ》となったという。
古事記にも類似の記事があり、そこでは神が憑依するのは神功で同じであるが、琴を弾くのは仲哀であり、審神者は武内宿禰である。日本書紀の記事は仲哀死後の出来事であるので、シチュエーションがやや異なるが、女性である神功が神懸かりをし、琴弾きと神の言葉を判断する審神者が男性であることは共通している。

なお、日本書紀には仲哀紀八年九月と神功皇后摂政前紀（仲哀九年一二月）にも神功が託宣を受けたことが記されているが、どのような形での託宣であったかは記されていない。

このように、神懸かりの巫女とそれを聞いて神意を占う男性という役割分担であったものが、祭祀形態と祭祀組織の発展に伴って複雑な分担になったと、岡田はいうのである（岡田一九八二）。さらに男女に祭祀の分担はあっても、両者相並ぶもので両者の地位に上下や優劣はなかったとも述べている。従うべきであろう。さらに義江明子は、古代の祭祀が、男女神職者による（模擬的）神婚儀礼と男女それぞれの生業による捧げ物の二点が基礎になっていると述べる（義江一九九六）。

男女がともに祭祀にかかわるといっても、神懸かりするのは女性だけであるから女性は祭祀において特別な存在なのだという反論もありえよう。ただ、岡田もいうとおり、神武即位前紀戊午年九月条では神武が自ら依代となり、道臣命に斎主を命じる事実もある。これは戦陣の中で女性がいない時の特殊状況だとするが、男が神の依代となりうること自体を重視したい。義江も、大和国高市郡大領高市県主許梅が事代主神・生霊神の託宣を受ける例や、平安時代の甲斐国八代郡擬大領伴直真貞が浅間明神の託宣を受けた例を挙げる（義江一九九六）。許梅は、その名前から女性である可能性が一部で指摘されてはいるものの、伴直真貞の例からは男性も神の依りましとなりうることが考えられよう。

　文献史で示された、祭祀への男女のかかわりが、どの程度過去へ遡るのかを判断することは筆者には荷が重い課題である。しかし、古代の文献史料において男女が祭祀に対し対等にかかわっていることは学んでおくべきである。そもそも魏志倭人伝には、持衰《じさい》なる人物の存在を記している。魏志には「其行来渡海詣中国恒使一人不梳頭不去蟣蝨衣服垢汚不食肉不近婦人如喪人名之為持衰」（その行来・渡海、中国に詣るには、恒に一人をして頭を梳《くしけず》らず、蟣蝨を去らず、衣服垢汚、肉を食わず、婦人を近づけず、喪人の如くせしむ。これを名づけて持衰と為す。）とある。

　持衰は、航海の無事を祈るため、頭を櫛でとかず、ノミ・シラミをとらず、肉食せず、女性も近づけないという。航海が無事ならたくさんの財宝を持衰はもらうが、航海に差し障りがあれば、「持衰が慎まなかったから、暴害にあったのだ」として殺されてしまうという。肉食などとともに慎むべき行為の中に、婦人を近づけないことが含まれるからには、持衰は男性であると考えられる。航海の無事を祈る祭祀者は男性なのである。男性による祭祀の関与は魏志からも読み取れるのだ。さらに、持衰の存在から考えると、港や航海に女性が強くかかわるとの上記の言説はやはり説得力に欠ける。

### 斎宮・斎院・聞得大君と女王

文献史料にみえる存在で、とくに伊勢神宮の斎宮や賀茂社の斎院ならびに沖縄の聞得大君は、卑弥呼と類似するとして卑弥呼と男弟の関係を考える上であるいは古代祭祀のあり方を考える際にしばしば参考にされてきた。斎宮や聞得大君のような祭祀性が卑弥呼の役割であり、男弟が政治を担うという考えである。井上光貞は、聞得大君と卑弥呼は同じ性質の女性とし、伊勢神宮の斎宮や賀茂神社の斎院は卑弥呼的存在のなごりであると述べている（井上一九六五）。

ここまでの論証で、男女ともに祭祀を担うことを述べてきたので、斎宮らのイメージを卑弥呼に重ねることは適切でないことはすでに明らかである。しかし、いまだに斎宮や聞得大君のイメージを卑弥呼に投影する者も多いので、あらためて問い直すのである。ここでは斎宮・斎院・聞得大君と卑弥呼の役割や社会的位置づけが類似しているかどうかをみておくことにしたい。

伊勢神宮の斎宮に相当し、天照大神を祭る最初の女性は、日本書紀の伝承によれば崇神天皇時の豊鍬入姫であるとされる。もちろんこれは伝承の域を出ない。じっさいの制度としては天武天皇時に大来皇女が下向した時から始まり、南北朝期の後醍醐天皇の時まで続くとされる。賀茂神社の斎院は、九世紀初めの嵯峨天皇の時に始まり、十三世紀の半ばまで続いた。

斎宮も斎院も未婚の女性皇族が、天皇が代替わりするまでそれぞれの神社で祭祀を務める。その姿は、独身とされる卑弥呼が鬼道を用いる姿と重なり、天皇と男弟が政治的役割を司るようすも似ていることから、上記のような説が示されてきた。

賀茂神社の祭祀を分析した義江明子の研究（義江一九九六）に従えば、賀茂神社の斎院や伊勢神宮の斎宮から古代祭祀のあり方をイメージするのは間違いであるといえる。賀茂社の祭祀は、もともと男性神職である祝と女性神職の斎祝子《いみはふりこ》による奉仕が基本であった。賀茂神社の主要な祭りは御阿礼祭《みあれ》であり、そこでは男女の神職がアレヲトコ・アレヲトメとして神婚儀礼を行う中で豊饒の祈りが行われる。これが古代における本来の祭祀の姿であるという。

九世紀になって王権を守るために、斎院が使わされるが、斎院はこれらアレヲトコ・アレヲトメの祭祀の上にかぶさるように配置される。アレヲトメは祭祀の時に斎祝子が一時的に担う役目であったが、斎院は朴定してアレヲトメとして神に進められるとした。神はほんらい祭りの時に来臨すればよいのであるが、王権守護の神は常時滞在して王権を守る必要があるという岡田精司の見解を引き（岡田一九九四）、王権守護のため斎院は神に常に仕える態勢でいるのだという。斎院が斎院でいる間は、ずっとアレヲトメでなければならず、したがって処女性が求められたというのである。

すなわち賀茂神社の斎院は王権が発達してその王権を守るために新たに付け加えられた存在であり、それ以前の祭祀形態を反映しているとはいい難く、伊勢の斎宮も同様に理解されるる。そこには男性と共に共同体の豊饒の祈りを担った古代女性祭祀者の姿はみえないというのである（義江一九九六）。この義江の考えに従うならば、斎院や斎宮のイメージを参考に卑弥呼の社会的役割を復元することは誤りであることがわかるであろう。

琉球では集落に神女がいて、地域が統合拡大されるにつれ、神女はノロ（巫女）―キミ（君）―オオキミ（大君）という序列で階層化される。第一尚氏尚真王の頃に最高の神女として王妹が聞得大君に就任して、琉球王国の祭祀組織が完成したとされる（池宮一九九一）。これ以降、聞得大君は王の姉妹から選ばれて巫女を統率し祭祀を統括した。王は行政を担う。

古くは佐喜間興英の『女人政治考』（佐喜間一九二六）から、この姿が卑弥呼と男弟の姿に重なるという説があったのである。小島瓔禮も聞得大君・伊勢神宮の斎王と卑弥呼の役割は近いとするし（小島一九九一）、洞富雄が聞得大君と卑弥呼の類似性からヒメヒコ制を強調したのは序章でも述べた通りである（洞一九七九）。

大林太良は、魏志倭人伝からは卑弥呼―女・内・聖と男弟―男・外・俗という対照的な構造が読み取れるといい、聞得大君と王とを比較してその類似性を指摘するとともに、卑弥呼は王として政治にかかわるが、聞得大君は王ではないという差異にも注目する（大林一九七七）

この差異は重要である。高良倉吉が述べるように、聞得大君は国王によって任命される存在で、国王をさしおいて卑弥呼のように対外的主権者になったことはない（高良一九九二）。ちなみにノロも王権から辞令をもって任じられる職である。

聞得大君は王国基盤の一連の強化策に連動して創設された王族婦人職なのであって、その成立も十五世紀末である。倭国王である卑弥呼と琉球王から任命される聞得大君を重ねあわせることはまったくおかしなことである。上田正昭も、卑弥呼と聞得大君の比較は時代による祭政の変貌を見失った見解であるとして手厳しく批判する。卑弥呼の時代は祭政未分化の時代であり、聞得大君は王との役割分担が明確に分化しており、聞得大君と卑弥呼を比較することは誤りであるというのである（上田一九七二）。

以上のことから、斎宮・斎院・聞得大君から卑弥呼の性格を類推することは正しいことではない。同時に祭祀的役割を女性に限定することも誤りであるので、これらを利用して導いたヒメヒコ制も誤りを含んでいるといえよう。

### 小結

本節では、絵画資料と副葬品の種類・配置から、男女はともに祭祀にたずさわっていたことを示した。この見解は岡田精司や義江明子らの文献史の成果とも矛盾しない。男女ともに祭祀的役割を果たしている時に、女性の祭祀的役割を過大に評価して、祭祀的能力をもって女性が王や首長になり得たと考えるのは間違いである。そもそも女王や女性首長に特別な能力を求める背景には、女王や女性首長は例外であるという決めつけがあり、その例外を説明するために特殊な理由や能力を探さねばならないという要求に基づくものではあるまいか。

女王が「例外的」か否かは後で検討するが、女性首長は弥生時代後期から古墳時代前期にかけて一般的に存在するので、特殊な理由を求める必要はないのである。ただし、繰り返しになるが女性の祭祀的役割を否定するのではない。男女ともにその役割を果たしている時に、

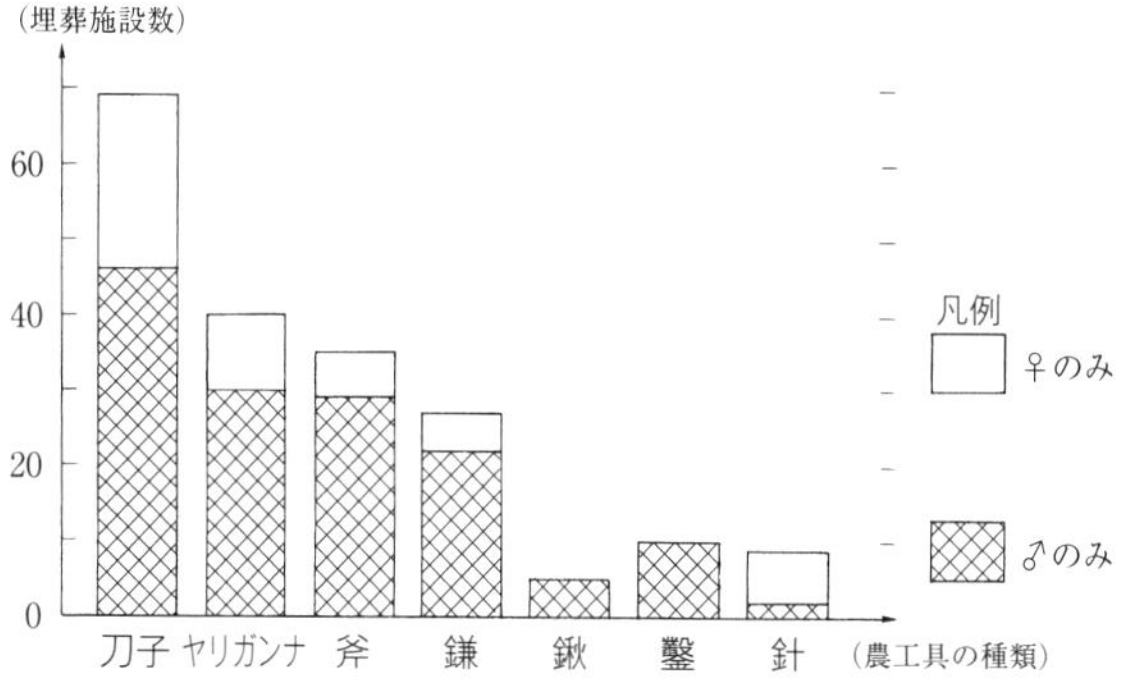


図38　古墳時代の副葬品と性別（農工具）

女性のみその役割を説いたところで何の解決にもなっていないということを指摘したいのである。

### ③農工具の副葬と男女

戦争と祭祀以外の点にも目を向けておこう。人骨と副葬品の対比において、農工具における性別の偏りは認めにくい（図38）。刀子・ヤリガンナ・斧・鎌・針は男女の人骨どちらにも伴う。鍬・鑿は男性人骨とのみ搬出するが、数が少ないため断定的なことがいえない。首長墳においても同様で、女性人骨のみつかった向野田古墳からは刀子三〇点・鉄斧三個・鉄鎌一が出土し、腕輪形石製品の配置から女性が葬られたとされる和泉黄金塚古墳中央槨にも刀子一・斧九・鎌七と不明の工具類若干が副葬されている。

男性が葬られたと考えられる雪野山古墳竪穴式石室

では、鎌二・ヤリガンナ二・鑿一・刀子五点以上・針三・ヤス九～一一以上が出土している。雪野山古墳は琵琶湖から七～八㎞東にあって湖岸から少し離れているものの、河川や琵琶湖での漁労活動が反映されて、ヤスが副葬されているのであろう。この点は雪野山古墳における副葬品の個性である。それ以外には、男女の首長において農工具の副葬に基本的に差異は認められず、多様な農工具が副葬されている。

彼、彼女達が多様な生産活動に直接たずさわったとは考えがたいので、副葬される農工具の種類は、治める集団の生業を彼らが統括していたことを示すものと考えられる。女性首長の研究を初めて俎上に上げた今井堯のいうとおり、女性首長も多様な生産活動を統括していたことが副葬品から推測されるのである（今井一九八二）。

## 三　ヒメヒコ制批判

**キョウダイ原理の埋葬とヒメヒコ制**　祭祀において、男女の役割に大きな違いや優劣がなく、首長層の男女に違いがあるとすれば軍事あるいは軍事権の掌握であるという結果は、ヒメヒコ制で主張された性的役割分担と見解を異にする（第1章）。ヒメヒコ制を埋葬のあり方からさらに検討してみよう。

田中良之は、一つの墳墓に埋葬される被葬者の親族関係について画期的研究を行った（田中一九九五）。これまで複数の被葬者が墳墓に葬られる場合、それらは夫婦を中心とした家族であるとの理解が主であった。しかし、田中は古人骨の歯のサイズを分析することによって、被葬者間に血縁関係があるかどうかを見極め、古墳に埋葬される人物の関係は以下の三つのモデルがあるという結論に達した（図39）。

田中の研究によれば、弥生時代終末期から古墳時代中期までは、キョウダイを中心とした血縁者が同一墳墓に葬られ、配偶者に相当する人物は同一埋葬施設や集団墓内に葬られることはないという。たとえ、成人男女が葬られている場合であっても、血縁関係が認められるのでキョウダイとして理解するべきだという。こうしたキョウダイを中心とした埋葬パターンを基本モデルⅠと田中はよぶ。基本モデルⅠにおいて、被葬者は男女の区別があまりなく、初葬者も男女が相半ばすることから、このモデルは双系あるいは父系に傾いた双系的な親族構造を示すものと理解した。基本モデルⅡは、成人男性とその子供の世代が葬られる埋葬パターンである。成人男性は家長と考えられるが、その妻にあたる人物は埋葬されない。被葬者はすべて成人男性の血縁者であり、父系の血縁者のみが埋葬されたと考えられる。

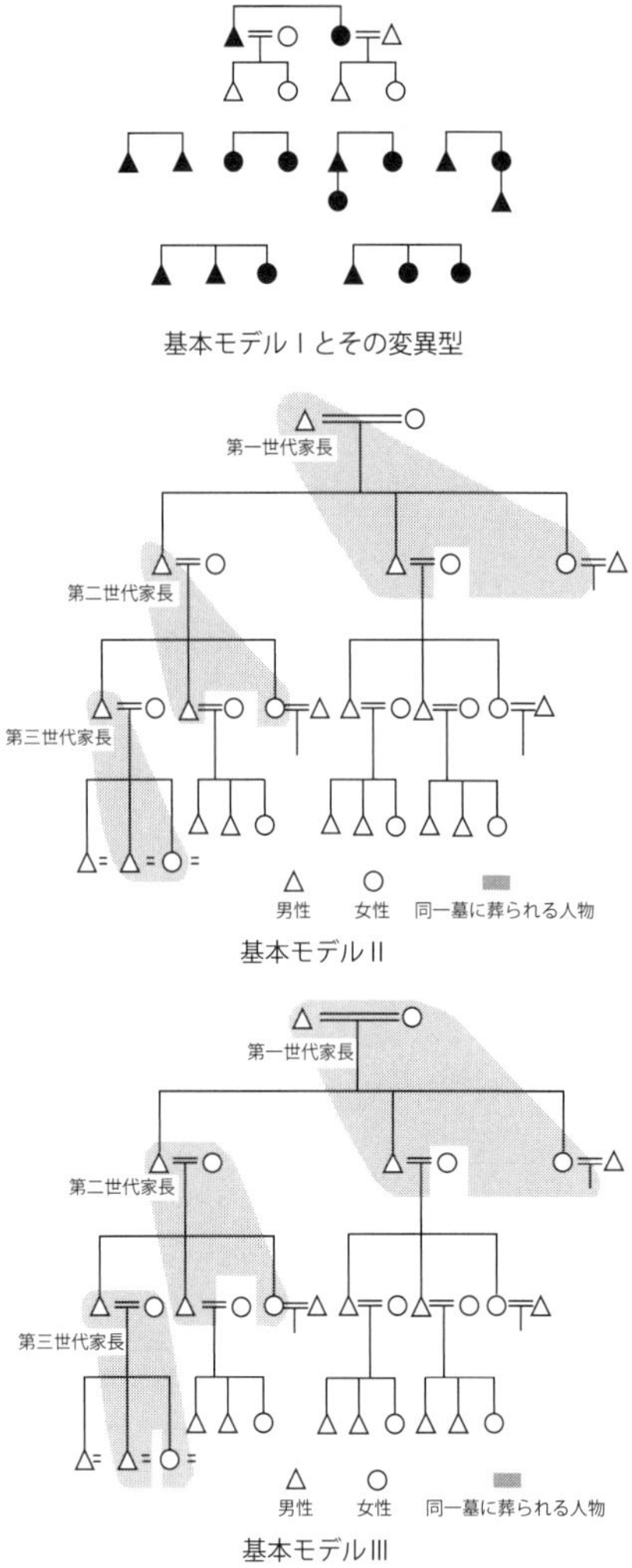


図39　田中良之の基本モデル
（田中 1995）

基本モデルⅡは五世紀後半から六世紀後半まで存在する。基本モデルⅢはモデルⅡに家長の妻と考えられる人物が埋葬されるようになった埋葬原理である。六世紀前半〜中葉から六世紀後半にみられるという。これらの基本モデルは基本的にⅠからⅢへ時期的な変化をとげるという。基本モデルⅠは双系的なモデルであり、モデルⅡとⅢは父系原理が強く作用するモデルである。このことから、田中は基本モデルⅠから基本モデルⅡへ変化する五世紀後半が大きな画期であると考えている。

同一の墳墓に埋葬されている成人男女は夫婦であると一般的には考えられていたので、田中の研究結果はきわめてインパクトがあった。ただ、田中が取り扱った古墳は九州から中国地方が中心であり、地域差があるかもしれないとの批判も存在した。

筆者も田中の研究に大いに刺激を受け、田中が分析の対象としていなかった近畿の古人骨分析を行ったのであった。その結果、田中の研究結果のうち、基本モデルⅠについては基本的に正しく、畿内でも通有することを明らかにした。田中の結論と異なるのは、キョウダイを中心とする埋葬の基本モデルⅠが後期まで続くことであり、逆に夫婦の埋葬はごく一部を除いて認められなかったことである。

また、父系化は段階的な進行であり、古墳時代後期には父系化は貫徹しないとした結果も相違点である。つまり、キョウダイ原理の埋葬が近畿では弥生時代終末期から古墳時代を通して行われていたのである（図41）（清家二〇一〇）。キョウダイペアの埋葬は弥生時代後期後半から終末期まで遡る資料があり、さらに弥生時代中期まで遡上する可能性がある。

キョウダイペア埋葬の一例をあげてみよう。大阪府野々井二本木山古墳は直径一三mの小型円墳である。砂岩製の舟形石棺を棺として用いている（図40）。墳丘は小さいものの舟形石棺は首長墳にしか用いられないことから、野々井一帯を納めた小首長墳と考えられている。

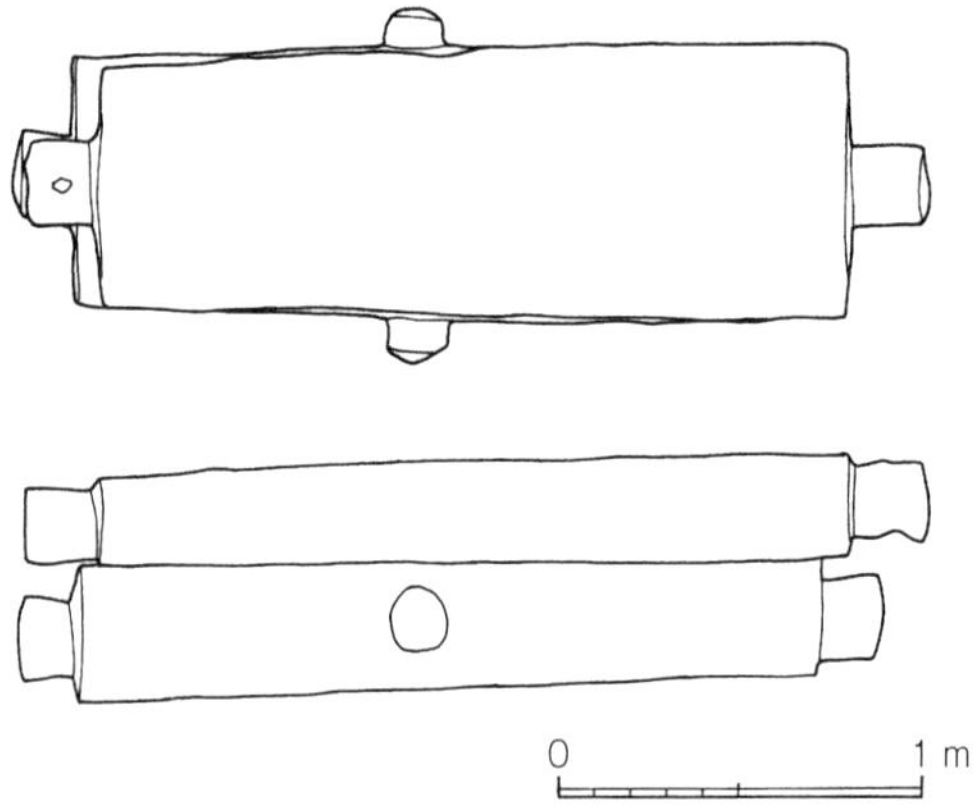

図40　野々井二本木山古墳石棺

時期は古墳時代前期末葉から中期初頭である。この石棺からは壮年期の男女の人骨が検出された。石棺の身と蓋の合わせ目には粘土で目張りがされ、人骨に乱れがなかったので同時の埋葬が行われたと報告されている。男女ペアの被葬者であることから、ヒメヒコ制を説明する際の一例としてよく取り上げられていた。矛盾しているようであるが二人が夫婦であるという意見もまた強かった。

この二体の年齢差は小さく、しかも同時埋葬であるとすると生前は同世代に属していた可能性が高い。よって、キョウダイか夫婦の関係が予測された。この二体の歯のサイズを計測し、その数値の類似度（相関係数）を調べてみた。相関係数はマイナス一からプラス一までで表される。プラス一に近づくほど、二体の歯の形が似ているというわけだ。歯の形は遺伝性が高いので、プラス一に近い数値が出ると二体は遺伝的に似ており、血縁者であると判断するのだ。

表11　二本木山古墳出土人骨間のＱモード相関係数

| 野々井二本木山古墳 | 男性人骨－女性人骨 |
|---|---|
| $I^1I^2CP^1P^2M^1M^2I_1I_2CP_1P_2M_1M_2$ | 0.285 |
| $I^1I^2CP^1P^2M^1I_1I_2CP_1P_2M_1$ | 0.390 |
| $P^1P^2M^1M^2P_1P_2M_1M_2$ | 0.360 |
| $I^1I^2CP^1P^2I_1I_2CP_1P_2$ | 0.381 |
| $CP^1P^2M^1CP_1P_2M_1$ | 0.439 |
| $P^1P^2M^1P_1P_2M_1$ | 0.550 |
| $I^1I^2CM^1I_1I_2CM_1$ | 0.218 |
| $P^1M^1P_1M_1$ | 0.588 |
| $I^1I^2CP^1P^2M^1M^2$ | 0.572 |
| $I^1I^2CP^1P^2M^1$ | 0.551 |
| $CP^1P^2M_1$ | 0.594 |
| $P^1P^2M^1$ | 0.708 |
| $I_1I_2CP_1P_2M_1M_2$ | 0.187 |
| $P_1P_2M_1M_2$ | 0.101 |

二本木山古墳被葬者の結果をみると、どの歯種組み合わせにおいてもプラスの結果がでており、高いもので○・七○八という数値が出ているので（表11）、二人は血縁者である可能性が高い。二体はキョウダイである可能性が高いというわけだ。

じっさいのところ、歯のサイズだけで血縁者の判別をすることについては批判もある。しかし、田中にしろ私にしろ、とくに古墳時代前中期の埋葬人骨を調査するとキョウダイと判定できる埋葬事例が圧倒的に多い。この傾向は無視できない。私の場合でいうと、図41のようになり、近畿とその周辺から検出された古墳人骨では、一つの古墳に葬られた複数の被葬者はおおよそキョウダイか親子であ

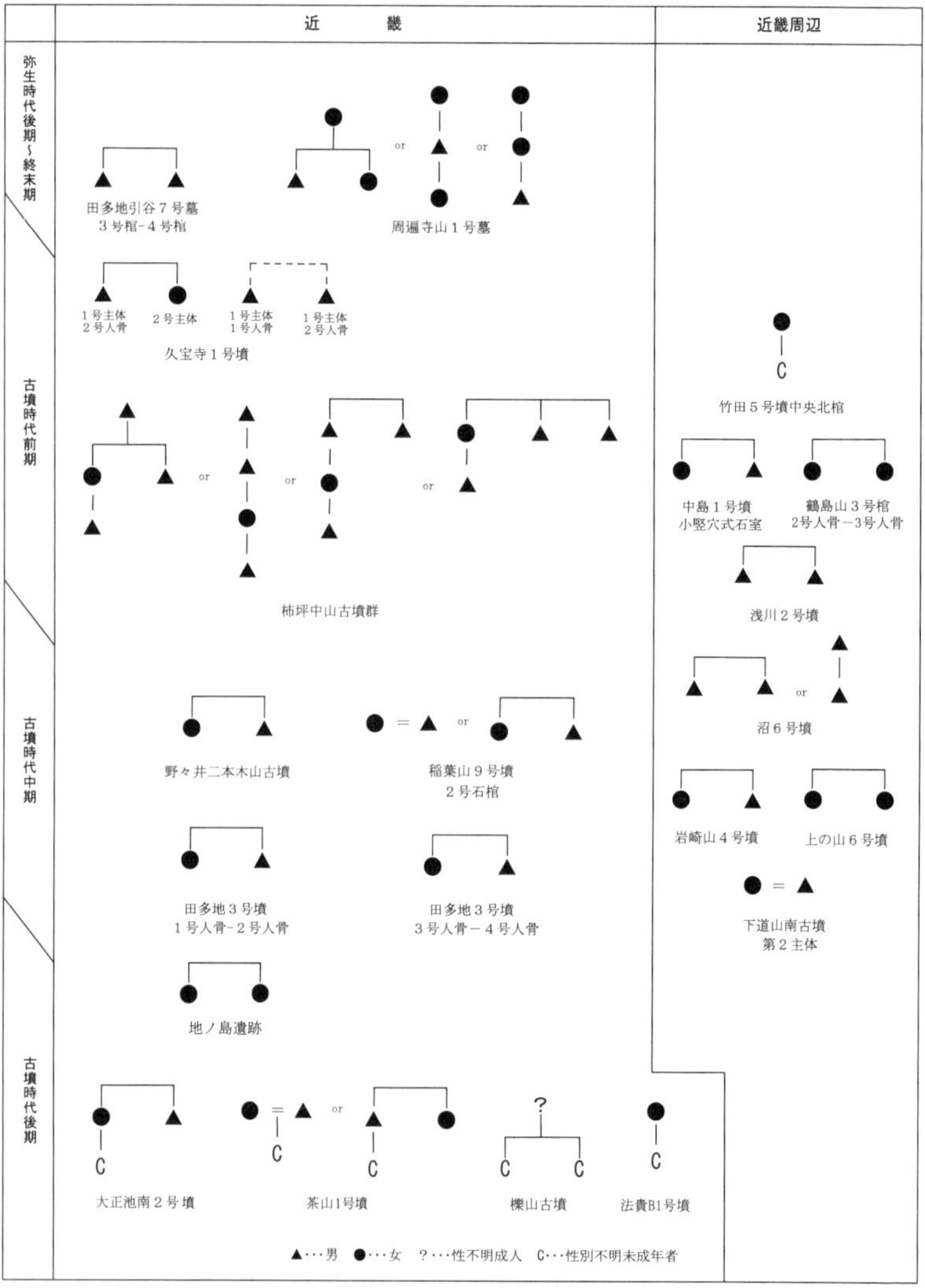


図41　近畿地方の親族関係

ると判別された。

さらに、副葬品から被葬者の性別を判別する作業を使用して、古墳被葬者がキョウダイを中心とする血縁者であり、夫婦ではないという状況証拠をみつけ出している。その証拠とは、一つの古墳に埋葬された被葬者がすべて同性から構成されている事例が少なからずあることである。

一例として、大阪府豊中大塚古墳について考えてみることにしよう。大塚古墳は直径五六mの円墳であり、時期は中期初頭に位置づけられる（柳本編一九八七）。墳頂部には三基の木棺が主軸を南北にそろえて併存していた（図42）。第1主体部は、盛土とともに棺が部分的に流出しているため全容は把握できないが、少なくとも長さ二m以上の割竹形木棺が直葬されていたとされる。遺存していた木棺からは刀四本・鉄鏃二七本のほか玉類が二七七個出土している。

第2主体部は墳頂部中央に位置し、第2主体部が大塚古墳における主要埋葬施設であったと考えられる。この第2主体部は長さ九・二五m・幅六・三mの巨大な墓壙を持ち、墓壙内には二基の粘土槨が設置されていた。粘土槨とは木棺を粘土で覆った施設のことである。要は一つの墓穴に二基の木棺が設置されていたのだ。

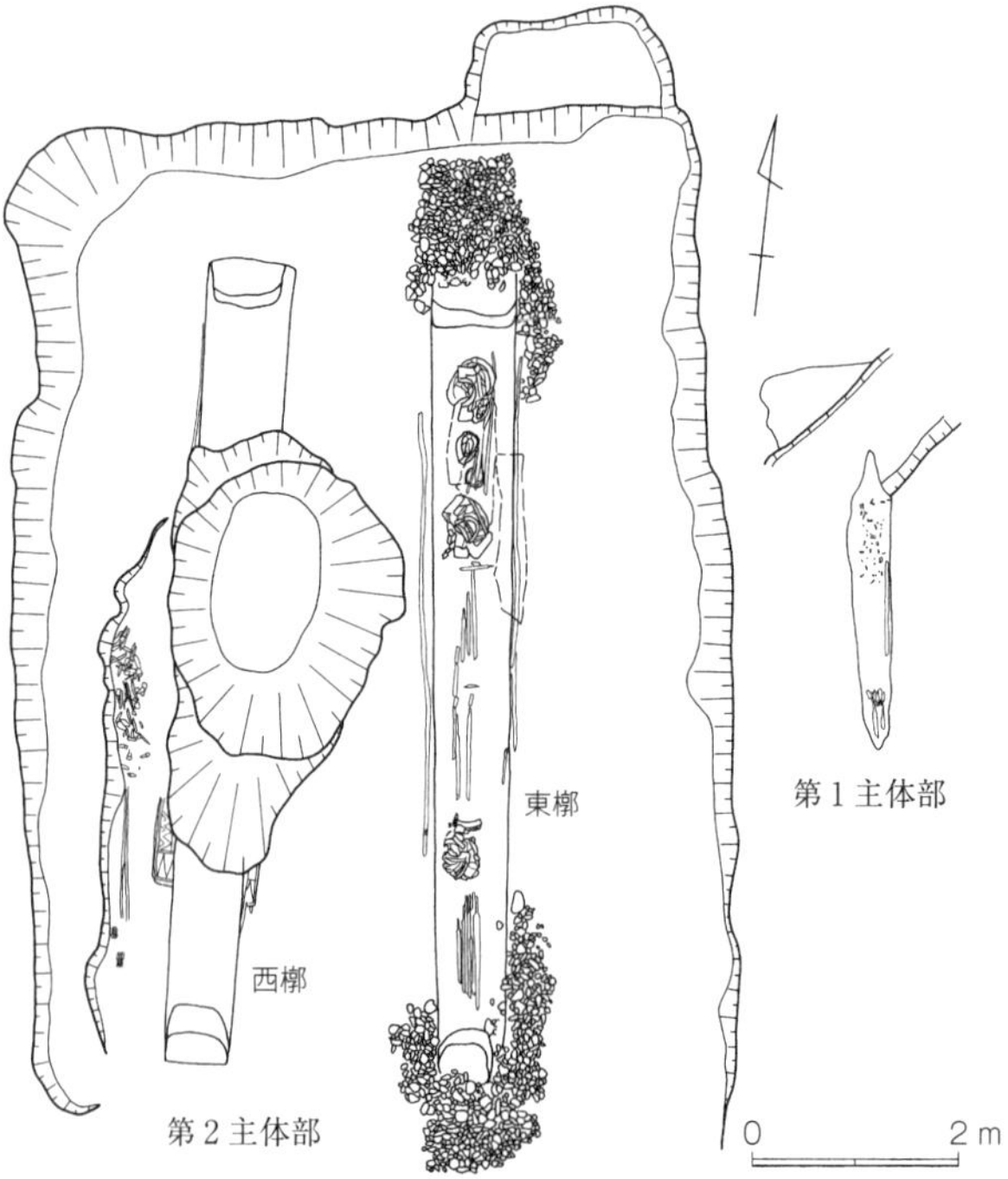


図42　豊中大塚古墳の埋葬施設配置

二基の粘土槨はそれぞれ東槨・西槨とよばれ、二つの粘土槨には切り合い関係が存在せず、同一の墓壙に同時に構築されたと考えられている。墳頂の中心は、東槨と西槨の中央に位置することから、二基の粘土槨はきわめて計画的に配置されていた様子がうかがわれる。

東槨は盗掘を免れ、棺内外の副葬品がほぼ埋葬時の位置で検出された。棺内から三組の甲冑とともに刀剣一八本のほか方格規矩鏡などが出土している。西槨は中央部に巨大な盗掘坑があり、副葬品配置に不明な点が多いものの、甲冑片や鉄鏃が出土している。

三基の埋葬施設の副葬品目をみてみると、いずれの棺も武器と武具が数多く副葬されていたことがわかる。第1主体部からは刀と鉄鏃が出土し、第2主体部東槨からは甲冑三組、西槨からも甲冑と鉄鏃の出土がみられた。先に示したように、鏃と甲冑は男性被葬者にのみ副葬される遺物であるので、大塚古墳の三つの棺には、それぞれ男性が葬られていた可能性が高いのである。

三人の男性被葬者の血縁関係は直接的には把握しがたい。しかし、東槨と西槨は墓壙を一にし、同時代性とともに両槨被葬者の緊密な関係をうかがわせる。東槨と西槨には甲冑が副葬されていたが、甲冑が未成年者に副葬されていた事例はこれまでにない。このことから両槨の被葬者はともに成人であったと想定される。東槨と西槨は同時期に設置されていることから、改葬を考えない限り死亡時期も近かったと考えられるので、東槨と西槨被葬者の生前の年齢はさほど大きく離れていなかったと考えられる。このように考えると両被葬者は同世代の成人男性であった可能性が高いといえよう。

次に、第1主体部と第2主体部の被葬者の関係を考えてみることにしよう。第1主体部から出土した鉄鏃は鏃身の長い柳葉型が中心である。大塚古墳の南には次世代の首長墳である御獅子塚古墳が隣接するが、大塚古墳第1主体部出土の鉄鏃と御獅子塚古墳第1主体部出土の鉄鏃との間には大きな型式差が存在する。大塚古墳第1主体部の鉄鏃は、御獅子塚古墳第1主体部の鉄鏃よりも大塚古墳西槨のそれに形態は近い。以上のことから、大塚古墳第1主体部は大塚古墳第2主体部が設置された後、御獅子塚古墳第1主体部に葬られた次世代の首長が死ぬ前に設けられたと考えることができる。つまり、大塚古墳第1主体部と第2主体部の時期差は1世代以内に抑えることができる。以上の検討から、第1主体部の被葬者は第2主体部の被葬者と同世代かあるいは少なくとも子供の世代の男性であると予想される。

大塚古墳のように、すべての被葬者が同性で構成される場合、被葬者どうしに配偶関係が成立しないことは明らかである。こうした古墳を「同性埋葬墳」とよぶことにしよう。被葬者がすべて女性である場合は「女性の同性埋葬墳」、被葬者がすべて男性の場合は「男性の同性埋葬墳」とよぶことにする。被葬者どうしが同性であることが判明しても、被葬者間の血縁関係はなお不明である。しかし、同性埋葬墳は配偶者を被葬者の中に含まないのであるから、この点において、人骨出土墳で観察されたキョウダイ原理の埋葬と矛盾せず共通する。もし、被葬者間に血縁関係が認められるとすれば、大塚古墳の被葬者の関係は図43のような親族関係が想定でき、人骨出土墳で認められた埋葬パターン（図41）と同一となる。

女性だけで構成されている事例もある。大分県免ヶ平古墳である（図44）。全長四〇mの前方後円墳で前期後半に属する。後円部に二基の埋葬施設を持つ。後円部の主要埋葬は竪穴式石室で、その横には板石をならべて四角く囲った箱形石棺がある。箱形石棺には女性人骨が遺存しており、腕部に石釧が置かれていた（図44―3）。竪穴式石室には人骨がなかったものの、やはり腕部に石釧があり女性特有の副葬品配置を示す（図44―2）。男性的な副葬品である鏃の副葬や、刀剣の棺内副葬は認められなかった。

この二つの埋葬施設はともに女性が埋葬されていたのである。すなわち「女性の同性埋葬墳」なのである。女どうしで夫婦ということはあり得ないので、姉妹と考えるか母娘の関係で考えるのがよいであろう。このように人骨の分析と被葬者の性別構成から考えると、一つの古墳にはキョウダイを中心とした血縁者が葬られており、嫁や婿などは埋葬されていないと考えるべきであろう。

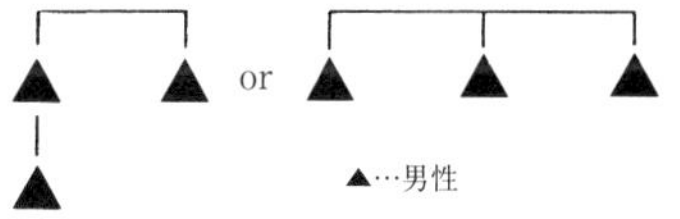

図43　豊中大塚古墳被葬者の親族関係

## 非首長層における同性埋葬墳

同性埋葬墳と考えられる古墳は、非首長墳においても認められる。

豊中大塚古墳や免ヶ平古墳のような事例は特別ではなく、被葬者がすべ

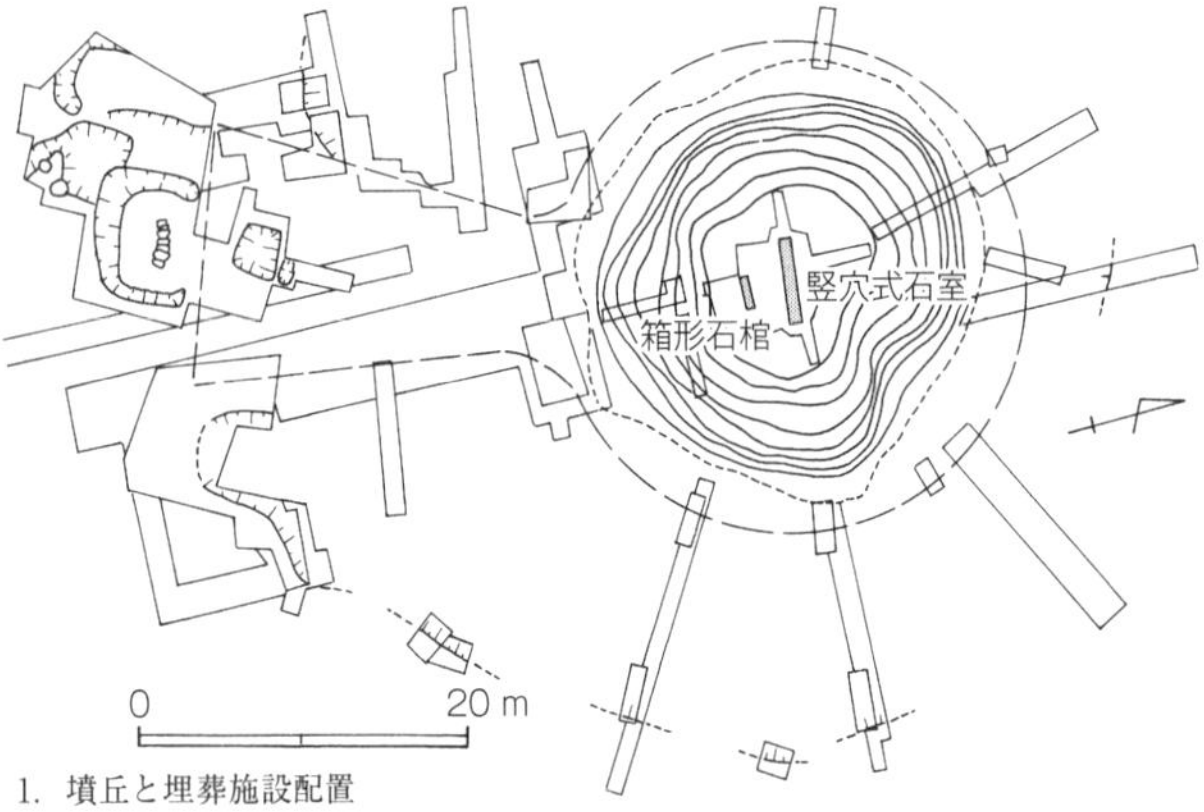


1. 墳丘と埋葬施設配置

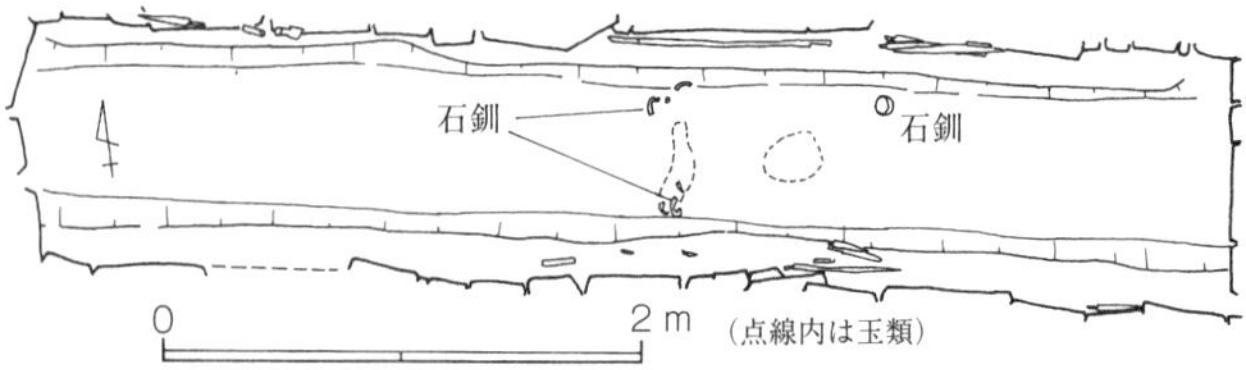


2. 竪穴式石室

3. 箱形石棺(大分県立歴史博物館提供)

図44　免ヶ平古墳の埋葬施設

て同性である事例は畿内だけでも首長墳で九例、非首長墳で一六例をみつけている（清家二〇一〇）。けっして特異な存在ではないのだ。

## ヒメヒコ制の再検討

このことは、ヒメヒコ制に一見有利にみえる。ヒメヒコを構成するペアはキョウダイが多いからである。埋葬時にキョウダイペアで葬られるのは、生前にそのペアのつながりが強く、首長層にあってはキョウダイが対になって執政を行っていた可能性が考えられる。

しかし、ことはそう単純ではない。これまでキョウダイという言葉をカタカナ表記にしていたように、キョウダイは決して男女のそれと限られるものではない。墳墓に埋葬される被葬者は、男・女ペア（女・男ペア）のこともあれば男・男ペア、女・女ペアも存在するからだ。つまり、兄妹（姉弟）ペア、兄弟ペア、姉妹ペアがあり得るわけである。

先に示したとおり、豊中大塚古墳のような男三人の埋葬や、免ヶ平古墳のように女・女ペアの埋葬をみるとき、祭祀的能力を持つ女性と軍事・政治を担う男性が共同統治を行うというヒメヒコ制が一般化していると考えることは難しくなる。男女ペアの埋葬があったとしても、それはキョウダイ原理埋葬の一種にすぎない。むしろキョウダイ原理の埋葬が一般化していることから、男女にかぎらないキョウダイが首長権や王権を分担してしていたことがある、と考えるのがよいであろう。

その中で男女ペアの場合のみヒメヒコ制として特筆するのはおかしいことである。男女ペアの場合のみ特別な制度を考えるのであれば、それなりの特別な理由を考えねばならない。じっさいのところ、文献史料においてキョウダイで共同統治を行う事例をみたとき、日本書紀には厚鹿文《あつかや》・迮鹿文《さかや》などの男ペアによる統治も知られているのである。

本章での検討によって、性的役割分担、とくに男性首長と女性首長の役割に違いがあるかどうかをみた。基本的に祭祀的役割には両性に違いは認められない。男性も女性も同じように祭祀にかかわっていたといえる。シャーマンかプリーストかの区別は考古資料からは判別がつかないが、文献において神懸かりや託宣を受けるのは男性でもあり得るので、両性の区別はさほど厳密でなかったことがうかがえる。斎宮・斎院や聞得大君との比較からヒメヒコ制を語ることも誤りであることは前節で示したとおりである。

祭政一致の言葉は古くからあるが、祭祀における男女の役割に上下や優劣がなく、副葬品から考える限り各種の生産活動の統括も男女の首長で異なることがない。祭祀・政治一般の役割は男女でおそらく違いはなかったであろう。唯一、男女の首長で役割が異なるのは軍事である。軍事権を持つ女性の存在は、弥生時代から古墳時代に至るまで存在しなかった。

したがって、男性首長はすべての首長権を執行しうるのであり、とくに女性の助けを必要としない。しかし、反対に女性首長は軍事権を持たないか、少なくとも男性より劣位にある。女性首長が単独で首長権を執行する場合には、とくに軍事的緊張が高くなった場合には困難が生じる。その場合には、女性首長には兄弟などの男性の助力を必要としたであろう。男女ペアの場合のみヒメヒコ制という特別な制度を考えるのであれば、それなりの特別の理由を考えねばならない、と先に述べたが、女性首長の場合には性的役割分担に基づく男女による共同統治の必然性が生じるのである。それに対し、男性首長は必ずしも女性の助力を必要としない。単独での統治も可能であるし、必要があれば男女にかかわらず他のキョウダイと共同統治を行ったのであろう。これがヒメヒコ制なるものの実態であろう。

## 四　まとめ

本章では、男女の性的役割分担について検討を行い、そこから最後にヒメヒコ制についての再検討を行った。とくに首長の性的役割分担についてあらためてまとめを行うと表12のようになる。男性首長は軍事・祭祀ともにその権能を持つ。女性首長は祭祀と政治一般は男性と変わらない役割を果たしていたが、軍事権においてはその能力を欠いているか、少なくとも男性首長よりも劣位にある。

このことが、男性首長と女性首長のあり方に大きく影響を与えていることは明らかだ。男性首長は単独での統治は可能だが、女性首長は軍事権を行使する場合に問題を抱える。その場合には男性の助力が必要である。卑弥呼の統治形態は、このような性的役割分担から合理的に理解できる。卑弥呼には男弟がおり、彼は「佐治国」（佐《たす》けて国を治む）という役割を果たした。女王を助けるという役割は軍事的役割ではあるまいか。邪馬台国と狗奴国との争いを魏に卑弥呼が報告した時、軍事的象徴の旗である黄幢は難升米に授けられている。軍事権は男弟あるいは難升米がより積極的に掌握し、卑弥呼の治政を助けたものと考える。

表12　男女首長の権能

| | 祭祀 | 政治 | 軍事 |
|---|---|---|---|
| 男性 | ○ | ○ | ○ |
| 女性 | ○ | ○ | × |

［参考文献］

泉森　皎　一九八五「刀剣出土状態の検討―刀剣の呪的性格の理解のために―」『末永先生米寿記念献呈論文集』乾　末永先生米寿記念会：三九三―四三五頁

池宮正治　一九九一「『おもろそうし』における航海と舟の民俗」『九州・沖縄』新版古代の日本第三

巻　角川出版：五五五―五七五頁
井上光貞　一九六五『神話から歴史へ』日本の歴史一　中央公論社
今井　堯　一九八二「古墳時代前期における女性の地位」『歴史評論』No.三八三　校倉書房：二一―二四頁
上田正昭　一九七一『女帝』（一九九六『古代日本の女帝』講談社学術文庫に改題・補訂されて再刊）
大林太良　一九七七『邪馬台国』中公新書
岡田精司　一九八二「宮廷巫女の実態」女性史総合研究会編『日本女性史』第一巻原始古代　東京大学出版会：四三―七四頁
岡田精司　一九九四「伊勢神宮における定期造替・遷宮制度の成立」『三重県史研究』一〇号：一―一八頁
金関　恕　一九八二「神を招く鳥」『考古学論究』平凡社：二八一―三〇三頁
金関　恕　一九八四「弥生時代の祭祀と稲作」『考古学ジャーナル』二二八号：二六―三〇頁
甲元眞之　一九九四「鳥葬のシャーマン」『先史学・考古学論究』龍田考古会：四七―五一頁
小島瓔禮　一九九一「琉球の民俗に映る古代」『九州・沖縄』新版古代の日本第三巻　角川出版：五三一―五五一頁
坂本太郎ほか校注　一九六七『日本書紀』上　岩波書店
佐喜間興英　一九二六『女人政治考』（一九七〇『佐喜間興英全集』琉球史料復刻頒布会に再録）
鈴木一有　一九九九「鳥装の武人」『国家形成期の考古学』大阪大学考古学研究室・大阪大学考古学友の会：四八七―五〇二頁

清家　章　二〇一〇『古墳時代の埋葬原理と親族構造』大阪大学出版会
関口裕子　一九九七「日本古代の戦争と女性」前近代女性史研究会編『家・社会・女性』吉川弘文館：一九—四三頁
高良倉吉　一九九一「聞得大君と卑弥呼」『九州・沖縄』新版古代の日本第三巻　角川出版：四三八頁
田中良之　一九九五『古墳時代親族構造の研究』柏書房
都出比呂志　一九八二「原始土器と女性」女性史総合研究会編『日本女性史』第一巻原始古代　東京大学出版会：一—四二頁
都出比呂志　一九八九『日本農耕社会の成立過程』岩波書店
寺沢知子　二〇〇〇「権力と女性」『古代史の論点』第二巻　女と男、家と村　小学館：二三五—二七六頁
中橋孝博　一九九九「北部九州における弥生人の戦い」『戦いの進化と国家の形成』人類にとって戦いとは第一巻　東洋書林：一〇一—一二〇頁
中村友博　一九八七「武器形祭器」『弥生文化の研究』八　祭りと墓の装い　雄山閣：二三—三一頁
中村慎一　一九九九「農耕の祭り」『古代史の論点』五　神と祭り　小学館：八五—一一〇頁
藤田三郎　一九九八「古代絵画にみるシンボリズム（1）弥生時代の絵画・記号」『考古学による日本歴史』一二　芸術、学芸とあそび　雄山閣：五五—六二頁
洞　富雄　一九七九『天皇不親政の起源』校倉書房
間壁葭子　一九八七「考古学から見た女性の仕事と文化」森編『日本の古代』一二　女性の力　中央公論社：一七—六六頁

松木武彦　二〇〇七『日本列島の戦争と初期国家形成』東京大学出版会
溝口睦子　一九八九「記紀に見える女性像―巫女・女酋・治工・戦士―」『家族と女性の歴史』吉川弘文館：一五七―一八一頁
森　浩一　一九八七「古墳に見る女性の社会的地位」森編『日本の古代』一二　女性の力　中央公論社：六七―一一二頁
柳本照男編　一九八七『摂津豊中大塚古墳』豊中市文化財調査報告第二〇集　豊中市教育委員会
義江明子　一九九六『日本古代の祭祀と女性』吉川弘文館

# 4章　卑弥呼はなぜ独身だったのか

## 一　女王・女性天皇の独身性

「年已長大無夫壻」（年すでに長大なるも夫壻無し。）と魏志倭人伝にあり、魏の使者が邪馬台国の様子を見聞したときには、卑弥呼には夫・壻がおらず独身であったことが記載される。これは魏志におけるきわめて重要な記述で見過ごせない。卑弥呼に夫・壻がいれば子供がいたであろうし、子供の有無は王位継承の継続性と女王の性格、ひいては女王が擁立された背景に深くかかわるからである。

前章では、同じ独身で祭祀を司り、卑弥呼の姿と似るとされた斎宮・斎院あるいは聞得大君について言及し、それらの成立は卑弥呼の時代からみてずいぶん遅く、かつその実態は古墳時代以前の祭祀を反映するものではないとした意見を紹介した。そうすると卑弥呼の独身性も斎宮らと理由が異なっている可能性がある。斎宮・斎院は神の嫁として独身性を保ったが、卑弥呼の役割が彼女らと異なるのであれば、その独身性は祭祀でなく別の理由によったことが考えられよう。

佐原真は、その時点で卑弥呼が独身であったとしても、子供がいなかったかどうかまではわからないとする（佐原ほか二〇〇〇）。しかし、彼女の子供に関する記載が魏志にないことこそが、卑弥呼に子供がいないことの証拠なのではないか。魏志倭人伝には卑弥呼の死後に男王が立つものの国中がこれに服せず混乱となって、卑弥呼の「宗女」台与が擁立されることが記される。卑弥呼とその後継の男王の関係は記されておらず、台与は卑弥呼の「宗女」である。卑弥呼後継の男王は、卑弥呼の子ではないであろう。卑弥呼の子であれば、その関係が記載されているはずである。「宗女」は一族の娘を意味し（佐伯二〇〇〇・武光二〇〇五）、台与も卑弥呼の子ではない。男王と台与が卑弥呼の子ではないことから考えて、彼女に子供はおらず、彼女は生涯未婚であった可能性は高い。

ただ、かつて結婚していて、後に夫と別れた可能性も捨てきれない。しかしながら、より重要なことは、彼女が女王であった時、彼女は独身であったということである。卑弥呼が独身であるか否かは、女王卑弥呼の性格を考察する上で大きな意味を持つ。その意味を考えるためにも、他の女王・女性天皇の婚姻状態や弥生・古墳時代の女性の婚姻と卑弥呼を比較してみよう。

女王が独身であるということは、古代において珍しくはない。じつのところ、女王や女性天皇は、少なくとも王位や皇位にある時は、必ずといっていいほど独身なのである（表13）。婚姻の有無や出産した皇子については記紀に記載があるものの、その記載が正しいとは限らない。ただ、文献に残る古代の女王や女性天皇の記録をみると、彼女たちの婚姻関係には一定の決まり事が存在する。

台与については、その擁立が魏志に記載されるだけで、婚姻したかどうかは記されていない。十三歳で擁立されたので、その時点では未婚であったであろうが、その後は不明である。未婚状態が続いたかどうかは不明であるので、表中では「?」をつけておく。

神功皇后は、記紀において天皇として扱われてはいない。即位の記述はないので仲哀の死後、応神が即位するまでの天皇位は空位である。しかしながら、夫である仲哀天皇の死後は実質的な最高指導者として記紀には描かれている。日本書紀では巻を改めて神功皇后の巻をわざわざ作った上、年次も摂政某年と記しており、天皇格として扱われている（上田一九九六：八九頁)。

古代女王・女性天皇の婚姻ならびに出産経験の有無についての一般的な傾向をみることが目的であるので、神功皇后の実在性や即位の実体よりも最高指導者として描かれた彼女の出産についてみてみることにしよう。神功皇后は、仲哀天皇が亡くなった時点で応神天皇を身ごもっており、朝鮮出兵の後に応神天皇を出産したことになっている。仲哀天皇の死後六九年間執政を行ったとされるが、再婚はせず、子供は応神天皇一人である。つまり、最高指導者として執政を行った時点では彼女は寡婦であり、その後、配偶者を得たことは記されていない。

清寧天皇の死後、王統を継ぐべきものがおらず、飯豊皇女《いいとよ》が「臨朝秉政《みかどまつりごと》」を行ったとされる。「臨朝秉政」とは臨時に執政を行った意であろう。記紀では天皇として扱われてはいないが、『扶桑略記』などでは天皇として記載され、忍海飯豊青尊という別称も天皇格である（吉村一九九八：八三―八四頁）。つまり、即位をしていた伝承をもつ女性なのである。

清寧紀三年七月条によれば「飯豊皇女、角刺宮にして与夫《まぐ》

表13　即位時の女王・女帝の婚姻状態

| | |
|---|---|
| 卑弥呼 | 未婚 |
| 台与 | 未婚？ |
| 神功皇后 | 寡婦 |
| 飯豊皇女 | 未婚 |
| 推古天皇 | 寡婦 |
| 皇極（斉明）天皇 | 寡婦 |
| 持統天皇 | 寡婦 |
| 元明天皇 | 寡婦 |
| 元正天皇 | 未婚 |
| 称徳（孝謙）天皇 | 未婚 |

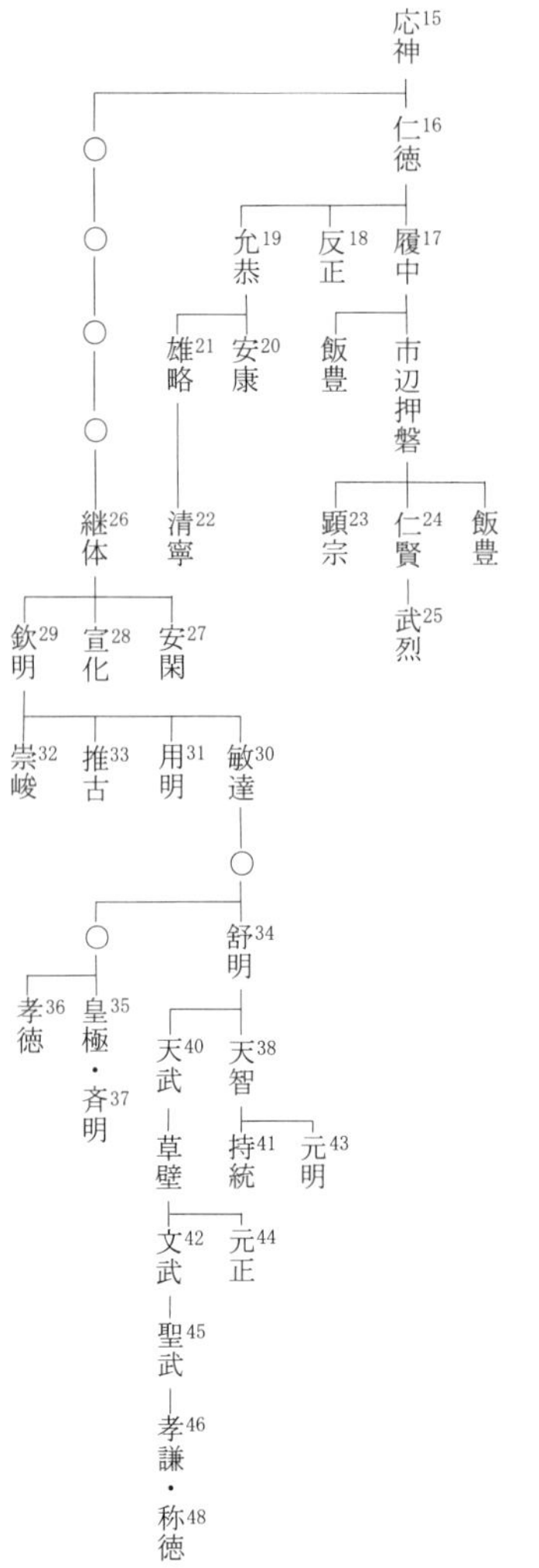


・飯豊皇女の親族関係には2説ある。

図45　記紀などによる大王・天皇の系譜

初交《わい》したまう。人に謂りて曰はく『一女の道を知りぬ。又安にぞ異なるべけむ。終に男に交はむことを願せじ』とのたまふ。」とある。つまり、飯豊皇女は、性交を行ったが格別たいしたことはなかったので、二度と性交をしないというのである。このように飯豊皇女は性交の経験者であるが、即位の時点では配偶者はおらず、子供を産んだ形跡はない。

推古天皇以降の女性天皇は記紀において正式に即位した天皇として扱われる。推古天皇・皇極（斉明）天皇・持統天皇・元明天皇は既婚者であり、すべて皇子を産んでいる。特に推

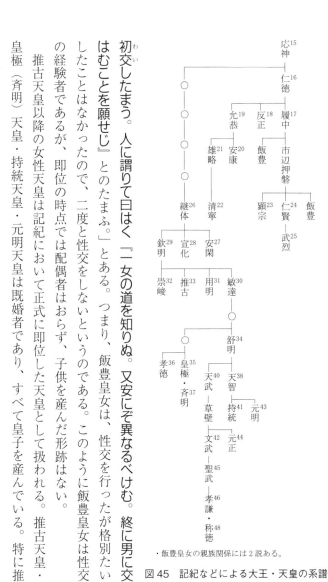

古・皇極（斉明）・持統天皇の三人は、かつて大后あるいは皇后の地位にあった人物である。注意すべきことは、推古らが即位した時点では、その夫はすべて亡くなっており、その後も再婚をすることがなかった点である。つまり、彼女たちは即位の時点ならびに即位後も独身であり続けた。これに対し元正天皇と称徳（孝謙）天皇は生涯未婚であった。

このように古代の女王と女性天皇は、生涯未婚であるか、あるいは寡婦かに限られており、即位後は配偶者を持たず子供を産まないという点で共通するのである。もちろん記紀、続紀や魏志倭人伝に記されていることがすべて事実であるとはいえない。ただ、古代女性天皇と女王に関して即位後は独身を保つという共通点は決して無視できない。とくに海外の文献である魏志倭人伝と記紀とのあいだで、女王・女性天皇の独身性という記述が一致することは興味深い。

## 二　女性首長と妊娠痕

**人骨に残る妊娠痕**　卑弥呼を含めて古代の女王・女性天皇は、その婚姻と即位において独特な様相を示す。それでは女性首長や一般の弥生・古墳時代女性の婚姻や出産傾向はいかな

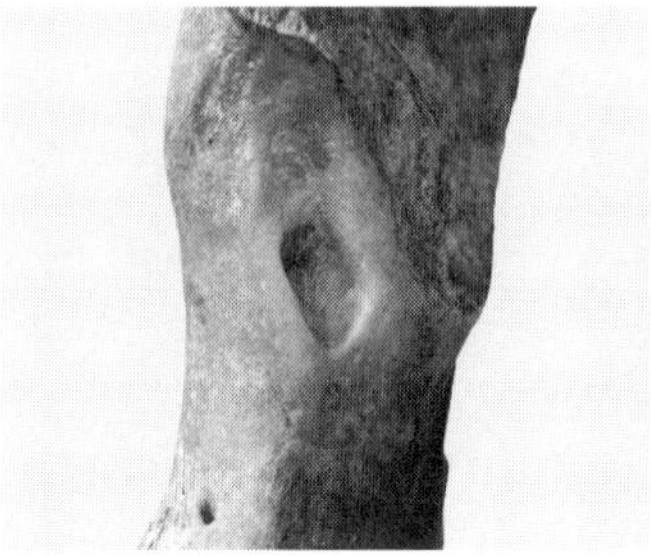

（弱い妊娠痕）

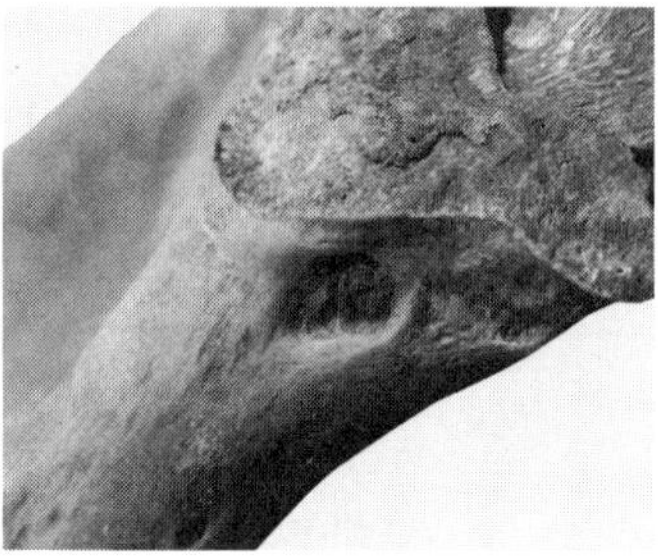

（強い妊娠痕）

図 46　妊娠痕

るものであろうか。古代人の婚姻や出産という現象を考古学から明らかにすることができるのか、と疑問を持つ方も多かろう。ここでも威力を発揮するのは古人骨の分析である。

女性は妊娠すると体重が増え、それに対応するように骨盤の靱帯が肥大化する。その靱帯が骨を圧迫して、耳状面の下部というところに溝状の痕跡ができる（図46）。また出産の際には、ホルモンの影響で骨盤の関節部の軟骨が壊れて産道が大きく開く。その軟骨が骨盤に吸収される。その軟骨を吸収した箇所が痕跡となって骨盤に残ることがある（五十嵐二〇一二）。妊娠しても死産や流産することもあるので、これらの痕跡は出産痕ではなく妊娠痕とよばれる。ただ、ここでは煩雑なので妊娠痕を持つ女性は基本的に出産したことがあるものとして話を進める。

これらの痕跡は、妊娠とは関係ないという説もあるが五十嵐由里子は、現代人骨の妊娠痕と当該人物の聞き取りを進め、一部に例外もあるようだが右に記した痕跡が妊娠痕であることを主張している（Igarashi 1992）。妊娠痕には強い妊娠痕と弱い妊娠痕があり、前者は後者よりも多くの子ども妊娠した可能性があるという（図46）。

妊娠したことが既婚であることを直接意味しないことは、もちろんのことである。未婚の母も存在するし、子供を産んだ後に夫と（生死を問わず）別れてしまうことだってある。しかし、出産する女性は多くの場合結婚をしているであろうから、妊娠経験を持つ者は婚姻歴があったものとみてよいだろう。この分析を用いて弥生時代と古墳時代における女性の結婚・出産傾向をみていくことにしよう。

## 弥生時代と古墳時代女性の妊娠痕とその傾向

弥生時代における成人女性の骨盤をみると、ほとんどすべての女性の骨盤には妊娠痕が認められる。甕棺墓群で人骨がまとまって出土していることで有名な福岡県永岡遺跡と金隈遺跡を調べてみた。両遺跡で併せて二二体分の女性骨盤が遺存していたが、二一例が妊娠痕を有していた。ほぼすべての成人女性は、結婚をし子供を有する機会を得ていたのであった。現在のように、結婚する・しないという選択は自由ではなかったろうし、避妊の概念や技術・知識もないであろうから、結婚して性交を行えば多くの場合子供を宿すことは当たり前といえば当たり前のことだ。両遺跡では副葬

表14　副葬品を持つ弥生時代女性の妊娠痕

| 人骨名 | 副葬品の種類 | 左寛骨 | 右寛骨 |
|---|---|---|---|
| 古浦遺跡35号人骨 | 管玉 | PP | PP |
| 古浦遺跡42号人骨 | 壺 | P | P |
| 土井ケ浜遺跡104号人骨 | 管玉・貝輪2 | PP | PP |
| 土井ケ浜遺跡127号人骨 | 管玉・貝輪 | P | P |
| 土井ケ浜遺跡303号人骨 | 貝輪 | PP | PP |
| 土井ケ浜遺跡902B号人骨 | 指輪・貝小玉 | P | P |
| 土井ケ浜遺跡904号人骨 | 貝小玉 | P | PP |
| 中の浜G－4－3－C人骨（複数埋葬） | 管玉3・貝小玉 | ／ | P |
| 道場山遺跡K48号人骨 | イモガイ製貝輪17 | P | P |
| 大友遺跡K1人骨 | イモガイ製貝輪10 | PP | PP |
| 宇木汲田遺跡1号土壙人骨 | 硬玉製勾玉 | PP | PP |
| 宇木汲田遺跡2号土壙人骨 | ガラス小玉35・ガラス管玉1 | N? | P |

凡例
・妊娠痕の基準はIgarashi 1992による。
・「／」は部位が遺存していないことを示す。

品を納めた事例は少なく、被葬者間で階層差をそれほど感じさせない。

副葬品を持つ女性の妊娠傾向はどうであろうか。他の遺跡ではあるが副葬品を持つ女性人骨にも、すべて妊娠痕は認められる（表14）。階層差に関係なく、女性は結婚をし子供を産む機会を得ていたのであった。ただ、表14に掲げた女性は、副葬品を持つといっても少量であり、鏡などの威信財を持つ者は含まれていない。第2章で紹介したような首長墓クラスの墳墓に葬られた女性ではない。弥生時代最上位の女性が子供を産んでいたかは不明とせざるを得ない。なお、第2章で紹介した、周遍寺山1号墓主要埋葬の女性は妊娠痕を有していた。周遍寺山1号墓が四隅突出墓であるとすれば、小なりとはいえ弥生時代後期後半から終末期の首長墓と想定される。当該期における女性地域首長は結婚をし、子供を持つ者がいたということができる。

古墳時代になると、階層が分化し、階層によって大古墳・中小古墳・墳丘のない墓などに分かれて埋葬が行われるのは周知のことである。階層ごとに女性の妊娠痕をみていこう。まず、一般的傾向として、古墳時代の成人女性人骨のうち九割以上が妊娠経験を持つことがわかっている（図47）。古墳時代女性のほとんどは弥生時代と同じく、結婚し子供を産む機会を持っていたといえよう。男性と性交渉を持つことに基本的に制限はなかったのである。もちろん、期間限定的に交わりを避けることはあったかもしれないが、それは人骨からは問えない。ここでは女性が性交し子供を持つことが一般的だったということを確認しておけばよい。

中小古墳の女性被葬者にも妊娠痕が認められる。とくに主要埋葬施設に葬られる女性も妊娠痕を持つものが多い。中小古墳の主要埋葬施設に葬られる人物は女性家長あるいは女性小首長と考えられるが、彼女たちも結婚をし子供を持つ機会を持っていたことになる。

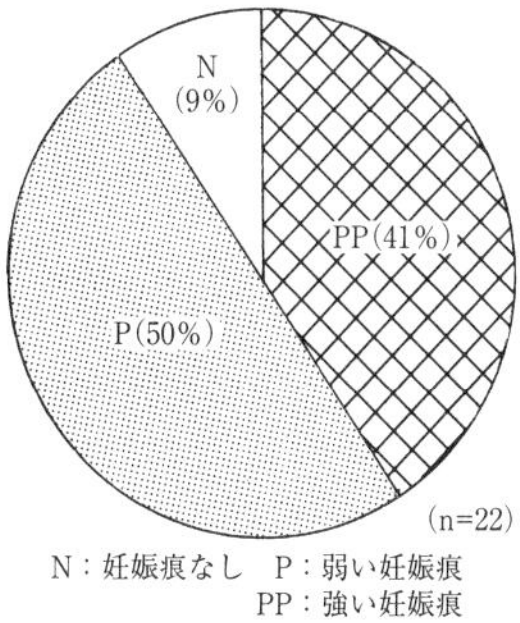


図47　古墳時代女性の妊娠痕

それでは、前方後円墳に代表される地域首長墳ではどうであろうか（表15）。女王・女性天皇の婚姻状態や出産傾向と比較する上でも、上位層に位置する女性首長の妊娠傾向は興味深いところである。

まず、第2章でも紹介した熊本県向野田古墳出土の女性人骨は、妊娠痕を有していることが明らかとなった。一〇〇m級前方後円墳に埋葬された女性首長は出産をする機会を持っていたのである(1)。

向野田古墳以外の女性首長はどうだろうか。京都府大谷古墳は全長三二mの前方後円墳とされる。その主要埋葬施設から検出された女性人骨の骨盤には妊娠痕が認められた。大分県下山2号墳は、六八mの前方後円墳で男性人骨と同じ石棺に合葬されており、彼女も妊娠痕を有していた。山口県赤妻古墳の女性人骨は古くから知られた資料であるが、骨盤の残りが悪く残念ながら妊娠痕の有無は不明である。

そのほか、一定規模の古墳に葬られる女性は基本的に妊娠経験があったのである。資料数が多くないので確定的なことはいいにくいが、基本的に女性首長も結婚をし、子供を産むことを許容されていたと考えることができる。もちろん、女性首長の場合も子供を産んだことがあったとしても、在位中は寡婦で独身であった可能性は残されている。

## 表 15　首長墳出土人骨の妊娠痕

| 遺跡名 | 墳形 | 規模 | 埋葬位置 | 年齢 | 耳状面下部 | | 恥骨結合背面 | 総合判定 | 備考 |
|---|---|---|---|---|---|---|---|---|---|
| | | | | | 左 | 右 | | | |
| 熊本県向野田古墳 | 方円 | 90 | 主 | 壮年 | N? | P | | (P) | |
| 大分県下山２号墳人骨 | 方円 | 68 | 主 | 老年 | ＰＰ | × | × | ＰＰ | 熟年男性と合葬。初葬者不明。 |
| 京都府大谷古墳 | 方円 | 32 | 主 | 熟年 | P | P | × | P | |
| 山口県赤妻古墳Ｂ人骨 | 円 | 30 | 主 | 熟年 | × | N | × | ? | |
| 熊本県松坂古墳２号人骨 | 円？ | 30？ | 主 | 熟年 | | | | 強い妊娠痕 | 坂田邦洋の観察による。この個体は追葬骨。 |
| 熊本県松坂古墳４号人骨 | 円？ | 30？ | 主 | 壮年 | | | | 強い妊娠痕 | 坂田邦洋の観察による。この個体は追葬骨。 |
| 山形県戸塚山 137 号墳 | 帆立 | 24 | 主 | 壮年 | N＊ | × | 左－右× | ? | ＊耳状面の大半を欠く。 |
| 鳥取県長瀬高浜１号墳 | 円 | 24 | 主 | 熟年 | ＰＰ | P | 左○右× | ＰＰ | |
| 福岡県クエゾノ１号墳第２主体 | 方円？ | 25 | 副 | 壮年 | ＰＰ | × | 左○右○ | ＰＰ | |
| 兵庫県周遍寺山１号墓Ｂ号棺１号人骨 | 方＊ | 10 | 主 | 熟年 | × | × | 左×右○ | （P） | ＊四隅突出墓の可能性。弥生終末期か？ |

凡例
・「規模」は墳丘の全長を指す。単位はm。
・「墳形」欄の略称は以下の通り。方円・・前方後円墳　方・・方墳　円・・円墳　帆立・・帆立貝形古墳
・「埋葬位置」欄の略称は以下の通り。主・・主要埋葬施設　副・・副次的埋葬施設
・「耳状面下部」欄の略称は以下の通り。N・・妊娠痕無し　P・・弱い妊娠痕　ＰＰ・・強い妊娠痕　×・・部位欠損
・耳状面下部の妊娠痕の基準判定はIgarashi1992に基づく。妊娠痕の強弱は左右の寛骨で異なることがある。その場合、Igarashiの基準では強く発現した痕跡をその個体の妊娠痕として評価する。寛骨が片側のみ遺存している場合には、総合判定に（　）を付して記載した。寛骨が遺存せず、恥骨結合背面でのみ妊娠痕が確認された場合には総合判定に（P）と記載した。
・「恥骨結合背面の妊娠痕」欄の記号は以下の通り。○・・ピット有　－・・ピット無　×・・部位欠損

ただ、女性首長に独身性が求められているならば、子供を持たない、すなわち妊娠痕を持たない人骨があってもいいと思われる。妊娠痕を持つ女性首長全員が寡婦であるという想定も成り立ちにくい。女性首長も基本的に婚姻と子供を産むことが許容されていたと考えるべきであろう。

## 三　産む者と産まざる者——地位の継承と未婚・既婚

### 女性エリートの二種

第4章一節と二節でみたとおり文献史料と古人骨からは、対照的な結果が導き出された。独身性を保つ女王・女性天皇と出産が許容されていたと推測される女性首長以下の女性である。前者は、さらに生涯未婚の者と婚姻経験があるが即位後は独身状態、すなわち寡婦である者の二種に分けることができる。このような違いは、なぜ現れるのだろうか。

### 「聖処女説」批判

従来、卑弥呼のような未婚女性は、「霊能の研磨」のために未婚を貫くのだという見解が多かった（白鳥一九一〇・折口一九二四・高群一九六六など）。祭祀のため、あるいは霊的能力を高めるために男性を近づけなかったという理解である。このような学説を義江明子は「聖処女説」と名づけて批判したのであった（義江一九九六）。

たしかに、祭祀にたずさわる斎宮や巫女の中には処女性あるいは没性交渉が求められるケースがある。欽明天皇の皇女である磐隅内親王・敏達皇女菟道内親王・天武皇女多紀内親王らは「奸」あるいは「竊嫁」されたため、斎宮の任を解かれている。さらに雄略天皇の皇女である栲幡内親王は密通を讒言されたため自殺している（田中一九九三）。また、雄略天皇九年には凡河内香賜が釆女を祭壇で犯すという事件があり、香賜は天皇に遣わされた弓削連豊穂によって殺されている（横田一九八四）。

このように、祭祀にたずさわる者の中には、処女性あるいは没性交渉が求められる者も存在した。そのタブーを破れば、その代償として死すら与えられることがあった。また、第3章でも紹介したが、琉球には各集落にノロとよばれる巫女が存在した。ノロの中には独身を要求される場合があって、卑弥呼との類似性が指摘されたこともあった。

しかし、義江は、古代祭祀においては男女がともに従事するが、その関係が変質し、男性支配の成立と裏腹の関係で女性祭祀の特殊化が図られると述べる（義江一九九六：二五七頁）。つまりは、男性支配の確立こそ、伊勢の斎宮や賀茂神社の斎院のような存在を出現せしめたといえる。男性世襲王権の確立が、男女がペアとなる祭祀から男性を切り離し、女性だけが祭祀にたずさわる形式の祭祀が誕生するのであって、女性単独の祭祀はそれ以前に遡ることはないというのである。

筆者も聖処女説を当然否定する。第3章で繰り返し示したように、祭祀に男女が対等にかかわっていたことから、霊能の研磨を行う必要は男女ともにあるはずである。なぜ女性だけが処女性あるいは独身性を求められねばならないのか。男王や男性天皇が未婚性を求められたことなど聞いたことがない。そもそも女王・女性天皇のうち、推古天皇・皇極（斉明）天皇・持統天皇・元明天皇は、すべて皇子を産んだ性交経験者である。飯豊皇女は未婚ながらも性交経験者である。彼女たちは必ずしも処女性が求められたわけではないのだ。

夫を有する巫女は歴史上あるいは民俗例としても数多く存在し（上田一九九六：二三三頁）、祭祀は女性に固有の役割であったとする柳田國男ですら「巫女童貞の約束は必ずしも日本の神社における原則ではない」と述べている（柳田一九一三～一九一四）。祭祀にたずさわる女性であっても処女や未婚である必然性はないのである。

## 地位の継承と未婚・既婚

女王・女性天皇と女性首長以下の間には婚姻あるいは出産について大きな違いが存在した。その要因は、霊能力や祭祀に関する能力に基づくものではないことは上記で明らかだ。両者の違いは、地位継承に基づくものだと考えられる。

このことに関しては荒木敏夫の研究がきわめて重要である（荒木一九九九）。荒木は、五世紀の王位継承争いには、王族女子がまったく登場しないことから、王位継承が男系であるとする。男性の王位継承候補者が欠乏したり、あるいは王位継承問題が発生した時には、一つの解決策として女性王族が即位するという図式を示した。しかし、即位した女王や女性天皇が新たに子どもを出産すると、その子は新たな王位継承候補者となるであろう。

女王や女性天皇の即位によって収まった王位継承問題において、新たな火だねにその子はなりかねない。そこで、新たな王位継承候補者を増やして継承問題を悪化させないようにするため、すなわち皇子誕生を未然に防ぐ目的で未婚あるいは寡婦の女性が登用され、彼女たちは独身を保ち続けたという。とくに持統以降は、王位継承者の選定には血統を優先させるようになり、即位する可能性のある内親王は不婚化が図られたというのである。

いずれにしろ、女性天皇が独身である背景には、男系の王位継承という原則が存在し、それを維持し、かつ新たな王位継承者を増やさないことで王位継承問題の混乱を防ぐという意図があったというのである（荒木一九九九）。

荒木も記しているが、飯豊皇女の「与夫初交」のエピソードは、そういった意味できわめて重要である。日本書紀において飯豊皇女の「与夫初交」のエピソードは、清寧天皇の後継者となる億計王・弘計王が播磨で発見され、億計王を皇太子とするまでの一連のエピソードが記された後に唐突に挿入されている。

清寧天皇がその五年に亡くなり、顕宗天皇(弘計王)の条に移る。顕宗天皇の条では、清寧天皇の死後、弘計王と億計王が皇位を譲りあい、政治的空白が生まれる。その時に代わりに飯豊皇女が「臨朝秉政」を行う話が記述される。日本書紀における飯豊皇女に関する話題は、出自とその死の記述を除くと「与夫初交」と「臨朝秉政」の二つしか存在しない。つまり、飯豊皇女の「与夫初交」のエピソードは、皇女が「臨朝秉政」を行うための前提として挿入されているようなのである。つまり、飯豊は即位するために「今後は性交をしない」と宣言しているのである。

卑弥呼と台与の登用に関する限り、荒木(一九九九)は上記のような意図があったかどうかは記していない。父系継承の維持という点にはふれていないが、吉村武彦(一九八五:二頁、一九九八:二一七―二二一頁)は卑弥呼と台与が未婚である理由は、「子供を産ませないため」であると理解している。

魏志倭人伝を読む限り、卑弥呼以前には「其国本亦以男子為王」(その国、本また男子を以て王となし)とあり、卑弥呼の先王は男性であったとする。卑弥呼の死後も男性が王位についている。もちろん卑弥呼以前の男王は、邪馬台国王ではなく伊都国王ではないかとの説があることも承知している。しかし、魏志倭人伝が男王の存在を当然視していることと、その中で、緊急避難的に女王が採用されている点を重視したい。こうしてみると、卑弥呼や台与が未婚である理由は、祭祀的なものではなく、むしろ男性による王位継承という原則に求められるのではないかと考えられる。

ただし、魏志倭人伝は、父系制社会である中国王朝の視点で描かれていることや、記紀が律令国家成立初期に編纂が行われ、中国王朝の制度をモデルに父系的視点が作為的に盛り込まれている可能性を考慮に入れる必要がある。とくに日本書紀の成立が七二〇年であり、元正天皇の即位が七一五年であることは注意を要する。元正天皇は、草壁皇子と元明天皇の娘で文武天皇の姉である。母・元明天皇から譲位をされて天皇になる。即位した時の年齢は三六歳で、それまで婚姻歴はなく即位後も未婚を貫いている。即位前から即位の可能性のある者として考えられ、不婚を強いられていたという（荒木一九九九）。

元正天皇が不婚を強いられた女性天皇であるとするならば、女性天皇は未婚に限るという八世紀以降のルールが、日本書紀における飯豊皇女のエピソードに反映された可能性を有する。しかし、海外と日本の文献において、男王を原則とする中で、女王・女性天皇が未婚性を持つという共通点を私は重視したい。

なお、男性における王位継承は父系継承とは厳密にいえばイコールでない。上にも記したが、大王位は一つの大王家や系譜の中で継承されているわけではない。とくに古墳時代前期前半には、大和東南部にある柳本古墳群・大和古墳群・箸中古墳群に別れて大王墓が築造されている。異論があるものの、鳥見山周辺の桜井茶臼山古墳やメスリ山古墳も大王墓に含めれば、四つの古墳群にまたがって大王墓は築造されていることとなる。

白石太一郎はこうした状況をして、初期ヤマト政権の盟主権は特定の集団によって世襲されていないと述べ、大和東南部の四つの地域的政治集団を構成する諸勢力の間を盟主権は移動したと理解する（白石一九八九）。男性が王位を継承することは原則であっても、王位継承は世襲ではない可能性が高く、父系継承といい難い。そこで男性による継承という現象を評価して男性継承という言葉で表現することとした。

## 首長層・家長層の親族構造と妊娠痕

女王・女性天皇の独身性が継承方法に基づくと考えられたが、このことは首長層以下と比較するとよりいっそう明確になる。女性首長や女性家長は妊娠痕を持ち、出産と婚姻は許容されていた。第２章で述べた通り、古墳時代前期には女性首長や女性家長は一般的存在である。少なくとも古墳時代前期社会は双系的社会が基本であった。すなわち、首長位や家長位は男女どちらが継承しても良いなら、女性からその子へ地位が継承されても良い。女性が継承しても良い。だとするならば、女性首長や女性家長は婚姻や出産を制限される必要がない。だから、彼女たちは妊娠痕を有しているのである。すなわち、王位・天皇位は男性継承が基本であるので、女王・女性天皇は独身性が問われ出産が制限される。首長位・家長位は、双系的継承が基本であるので、婚姻や出産が許容されているのである。地位継承の方法と婚姻・出産のあり方が見事に対応していることがおわかりいただけるだろう。

このことは琉球のノロと比較するといっそうの説得力を持つ。ノロは近世の琉球にいた巫女であるが、ノロは不婚の場合と婚姻が許される場合が存在する。ノロの辞令書を検討した津波高志によれば、前者が父系的継承、後者が母系的継承に対応する可能性があるという（津波一九八九）。母系的継承であればノロはその地位を娘に継がさねばならないから、結婚する。しかし、父系的継承であればその地位はとくに娘に継がす必要はないので、婚姻の必要はない。だから不婚がありえるわけである。その社会全体が父系社会であれば、むしろノロは不婚でなければならないであろう（倉塚一九九四）。なぜならば父系社会であり、嫁入婚が主体であるならば、婚姻後の女性は他集団に嫁がねばならない。オナリ神信仰の下、姉妹が兄弟を守護するならば、姉妹は嫁に行かず家におらねばなるまい。ゆえに不婚が強いられるのである。その場合は、オバからメイに地位は継承される。ノロの婚姻についても未婚と可婚の違いは、地位継承の方法や親族構造の違いに基づく可能性があるのである。

## 四　女王・女性天皇と卑弥呼の中継ぎ的性格

女王・女性天皇の独身性の要因が地位の男性継承に求められるのであれば、女王と女性天皇の中継ぎ的性格は否定できない。彼女たちは自らの後継者を新たに産むことを制限されているからだ。王位を我が子に伝えることができない者を「中継ぎ」と表現せずして、何といおう。

義江明子は中継ぎ説に対して異論を唱え、「本格的女帝説」を提唱する。歴代女王と女性天皇は能力のある人物でその才能を活かし、本格的に政務を執ったことを論証している（義江二〇〇五）。女王・女性天皇が本格的に政務を執ったとする義江の主張には異論はない。義江が、さまざまな女性天皇についてその事績をとりあげて例示したように、女性天皇はカリスマ性や能力を持ち、群臣を率いて政務を執ったことは間違いあるまい。とくに、皇極・

斉明天皇以前は、王位・天皇位は基本的に終身制でひとたび即位すれば死ぬまでその地位にあるという原則が貫かれるわけであるから、能力のない人物が王・天皇となることは当時の政権にとってリスクを背負うことになる。能なしがトップに立つといつでも下の者が苦労する。考古学的分析からも、女性エリートは軍事権以外の祭祀・生産に関して男性と同様の権能を有していたと考えられた。

問題なのは、「中継ぎ」と「本格」は対立する概念なのかということである。男性から男性へ引き継がれることを原則とする王位継承の中で、困難時にのみ女性が擁立される事実は、中継ぎと形容せざるを得ない。そして、彼女たちは後継者を産むことを制限されているのである。まさに中継ぎであればこそ、後継を産むことを制限されているのである。しかし、その能力は男性に劣るものでないからこそ、王・天皇になることができた。本格的に政務を執る女王・女性天皇なのである。彼女たちは「中継ぎ」にして「本格的」な王・天皇なのである。

「中継ぎ」を本格的でないと考えるのは、野球において「中継ぎ」の中に、若手投手に経験を積ます場合や敗戦処理の継投があることからきているのではなかろうか。もちろんそうしたケースの継投もあるが、とくに最近の野球においては投手分業制が定着し、中継ぎ投手の地位は確立されている。中継ぎ投手を軽んじる者は誰もいない。多くの中継ぎ投手は、勝敗がもつれた試合を壊さず、あるいはピンチを救って、クローザーに試合を引き継ぐ重要な役割を担う。中継ぎは本格的な投手なのだ。

邪馬台国時代の倭国王は男王が原則であった。卑弥呼と台与がおそらく独身であったのは、彼女たちが中継ぎとして登用されたからに他ならない。他の女性天皇が、男性の王位継承候補者が欠乏したり、あるいは王位継承問題が発生した時に即位していることから考えて、卑弥呼や台与が擁立された背景には王位継承問題が含まれていた可能性がある。卑弥呼擁立について魏志は「倭国乱相攻伐暦年乃共立一女子為王名曰卑弥呼」（倭国乱れ、相攻伐すること暦年、乃ち共に一女子を立てて王となす。名づけて卑弥呼という。）と記し、台与擁立時に「更立男王国中不服更相誅殺當時殺千余人復立卑弥呼宗女台与年十三為王国中遂定」（更に男王を立てしも、国中服せず。更〻相誅殺し、当時千余人を殺す。また卑弥呼の宗女台与年十三なるを立てて王となし、国中遂に定まる。）と記すが、「倭国乱」なり「国中不服」の要因の一つには王位継承問題があった可能性が考えられるのである。

これを支持する証拠もある。卑弥呼擁立について、魏志倭人伝は「共立」という語を用いる。山尾幸久と平野邦夫は、魏志東夷伝の中で、「共立」という語がどのように用いられるかを分析した（山尾一九七二・平野二〇〇二）。二人の理解は微妙に違いがあるが、とくに平野は扶余・高句麗・韓で「共立」の語が用いられた例を検討した結果、いずれの国も当時は連合政権であって、その中で王の嫡子がなく継承者が不肖で諸族・諸国の争いを抑止できない時に即位する王にたいして「共立」の語が用いられているという（平野二〇〇二）。倭国が邪馬台国を中心とする連合政権であることは、先の三国と共通する。だとすれば継承者に関する点も共通している可能性が高い。卑弥呼擁立の際に、王位継承問題があった可能性が「共立」の用語から示唆される。

なお、倭国乱については、倭国の覇権をめぐる争いであり、あるいは鉄資源やその流通ルートの確保が原因であるとの見解があるが、それを否定するものではない。覇権争いには王位継承問題はつきものである。鉄資源の流通は当時の倭社会にとって生命線ともいうべき存在である。そのルートを掌握する者が覇権を握る。そこに王位継承問題が関係することは十分ありえることである。

## 五　まとめ

卑弥呼の独身性がいかに重要な問題か、おわかりいただけたであろうか。他の女王・女性天皇を含めて考え、また女性首長と女王・女性天皇の婚姻・出産を比較していくと、地位継承方法、卑弥呼の政治的性格から倭国乱の要因にまで結びつくのだ。

在位中の卑弥呼や台与が独身であることは、王位の男性継承というシステムの中で後継者を産むことを制限された中継ぎであることを示している。他の女王・女性天皇の即位時の状況を参考にすれば、卑弥呼や台与が擁立された背景に、王位継承問題が存在した可能性が高く、卑弥呼即位前の倭国乱や卑弥呼死後の混乱の要因には王位継承問題が含まれていた可能性がある。

卑弥呼や台与は、王位継承問題を解決するために中継ぎ的性格をもって即位したといえるが、彼女たちが傀儡であったことを意味しない。前章で示したとおり、祭祀・政治・生産を統括した「本格的」な王であったと考える。中継ぎにして本格的女王、それが卑弥呼と台与の政治的性格だったのである。

［注］

（1）二〇一五年に発行された学生社版の段階では、向野田古墳女性人骨の妊娠痕は不明であるとしていたが、その後の調査と研究で妊娠痕の存在が明確となった（清家二〇一八・高椋二〇一九）

［参考文献］


荒木敏夫　一九九九『可能性としての女帝』青木書店

五十嵐由里子　二〇一二「ヒトの骨からわかること」『縄文人はどこからきたか？』北野縄文文化を発信する会、北海道：五〇―六四頁

上田正昭　一九九六『古代日本の女帝』講談社学術文庫

折口信夫　一九二四「最古日本の女性生活の根底」『女性改造』三巻九号（一九六五『折口信夫全集』第二巻　中央公論社に所収：一四五―一六一頁）

倉塚曄子　一九九四『巫女の文化』平凡社

佐伯有清　二〇〇〇『魏志倭人伝を読む』下　卑弥呼と倭国内乱　吉川弘文館

佐原真ほか　二〇〇〇「巻頭座談会　女と男、家と村」都出比呂志・佐原真編『女と男、家と村』古代史の論点第二巻　小学館：六―七六頁

白石太一郎　一九八九「巨大古墳の造営」『古墳』古代を考える　吉川弘文館：七三―一〇六頁

白鳥庫吉　一九一〇「倭女王卑彌呼考」『東亜之光』第五巻第六・七号（一九六九『白鳥庫吉全集』第一巻　岩波書店：三―三九頁）

清家　章　二〇一八『埋葬から見た古墳時代　女性・親族・王権』吉川弘文館
高椋浩史　二〇一九「熊本県向野田古墳出土の古墳時代人骨の再検討」『先史学・考古学論究』Ⅶ　龍田考古会：一一七―一二九頁
高群逸枝　一九六六「族母卑弥呼」『女性の歴史』一　高群逸枝全集第四巻　理論社：七四―一一七頁
武光　誠　二〇〇五『邪馬台国と卑弥呼の事典』東京堂出版
田中貴子　一九九三「斎宮の変貌」『日本史研究』三六六号（一九九八『性と身体』日本女性史論集第九巻　吉川弘文館に所収：二三三―二五六頁）
津波高志　一九八九「ノロの不婚説と可婚説」『西海と南島の生活・文化』古代王権と交流八　名著出版：三二三―三四七頁
平野邦夫　二〇〇二『邪馬台国の原像』学生社
柳田國男　一九一三～一九一四「巫女考」『郷土研究』第一巻第一号～第一巻第一二号（一九九九『柳田國男全集』第二四巻　筑摩書房に所収：一五〇―二一四頁）
山尾幸久　一九七二『魏志倭人伝』講談社現代新書
横田健一　一九八四「古代王権の祭祀と女性」『歴史公論』一〇八号（『古代王権と女たち』吉川弘文館に所収：一―一六頁）
義江明子　一九九六『日本古代の祭祀と女性』吉川弘文館
義江明子　二〇〇五『つくられた卑弥呼―〈女の創出と国家〉』ちくま新書
吉村武彦　一九八五「古代王権における男女王権試論」『歴史学研究』№五四二：二―一五頁
吉村武彦　一九九八『古代天皇の誕生』角川書店

Igarashi, Yuriko 1992: Pregnancy Bony Imprint on Japanese Female Pelves and Its Relation to Pregnancy Experience. *Journal of the Anthropological Society of Nippon*, 103: 311—319

# 終章　時代のうねりの中で——女性の地位と卑弥呼——

## 一　はじめに

これまで考古・文献・人骨の資史料を用いて、女性エリートの権能・相対的地位とその変化を明らかにしつつ、女王や女性天皇の未婚性と王位・首長位の継承の関係を明らかにしてきた。その中で女王卑弥呼の政治的性格や権能が明確になってきた。

本章では弥生時代中期から古墳時代までの社会状況と女性首長の盛衰を時系列にそって眺めていくことにより、女性首長の盛衰の背景を示すことにしたい。とくに社会状況が変化する中で、女性の権能がどのようにかかわって女性首長が登場し消えていくのかを示す。その過程で卑弥呼や台与が弥生時代終末期から古墳時代前期になぜ登用されるのかが具体的に明らかにできると考える。

その前に、弥生時代終末期から古墳時代前期の女性エリートが担った祭祀、とくに卑弥呼が行っていたという祭祀「鬼道」の内容について明らかにしておきたい。本書では、祭祀的能力によって女性による地位継承を説明することはおかしいと繰り返し述べてきた。男性も祭祀を担うのであるから、女性の祭祀能力を強調しても、女王や女性首長が地位を継承する理由にはならないと考えられるからだ。

だからといって、祭祀能力が不要というわけではなく、王や首長には祭祀能力が備わっていなければならない。いわば、祭祀能力は地位継承の前提として評価されるべきなのだ。その前提となる祭祀の内容を具体的に明らかにした上で、通時的な整理を行うことにより女性首長盛衰の背景がより具体的にみえてくるであろうし、その延長上に卑弥呼擁立の背景が浮かび上がってこよう。

## 二　神仙思想と卑弥呼

### 鬼道と神仙思想

卑弥呼がよくしたとする鬼道は、道教系教団の神仙思想に基づく呪法であったと考える研究者は多い。そもそも「鬼道」の語は、『魏志』の中では、卑弥呼のそれとともに「張魯伝」において「五斗米教」のことを「鬼道」と記している（重松一九七八）。五斗米教は道教系教団そのものであり、その儀礼を知る中国の使者が、卑弥呼の祭祀をみて「鬼道」と表現することから、卑弥呼が行っていた祭祀は道教系教団が行っていた祭祀と類似していたと理解される。

卑弥呼が魏の皇帝から「好物」として与えられた品の中にも、神仙思想にかかわるアイテムが含まれている。「銅鏡百枚」・「五尺刀二口」や「真珠鉛丹」などである。銅鏡は後述の通り、神仙術に欠かせないアイテムであり、刀は銅鏡とともに神仙術の中で使用されることがある。真珠鉛丹は、埋葬を含む儀礼や仙薬の材料として用いられたのであろう。卑弥呼の鬼道が神仙思想にかかわる祭祀であったことを示す証拠の一つである。

## 墳墓にみる神仙思想

実際、弥生時代や古墳時代の墳墓に認められる埋葬儀礼の中には、神仙思想とかかわりを持つ要素が多い。

まず本書でも何度か登場した三角縁神獣鏡は、直径二〇㎝を超える大型鏡である。三角縁神獣鏡に限らず神獣鏡の文様には、名前が示すとおり東王父・西王母の二神が描かれることが多く、二神は神仙思想の中でも重視される神である。鏡背に描かれた文様だけでなく、鏡の直径も重要で、弥生時代から古墳時代の出土鏡は直径二〇cmを超える大型鏡が多い。とくに三角縁神獣鏡は直径二〇cm以上の資料が九〇%を超える(田中琢一九七九)。

田中琢によれば、中国で出土する鏡は直径四〜三〇cmの範囲にあって、直径一五cm前後と二四〜二五cm前後に量的なピークがあるようだが、前者の方が多い(田中琢一九七九)。これは鏡があくまで化粧用の道具であるからである。さらに、埋葬施設に副葬される鏡の面数も異なる。日本では一つの埋葬施設に副葬される鏡が複数面あることは珍しいことではない。時に数十面の鏡が副葬されることもある。しかし、中国では単数副葬が原則であり、日本の副葬面数が特徴的なのである。

大型鏡を好み、複数面の副葬を志向しているのは、鏡ほんらいの使い方である化粧用ではなくて、別の目的があるからだ。晋時代における仙道学の第一人者である葛洪が記した『抱朴子』登渉篇によれば、道術を修めた隠者が山に入る場合、「明鏡方九寸」以上の鏡を背後にかけるという(重松一九七八)。そうすれば山中にいる鳥獣邪魅が人の形に化けている者も正体をあらわすという。晋時代の九寸はおおよそ二二cm弱に相当し、大型鏡の直径と対応する。

あるいは『抱朴子』雑応篇によれば、同じく九寸以上の明鏡を用いて神仙をみることができきるといい、明鏡を二枚用いるのが「日月鏡」、四枚用いるのを「四規」という。四規の場合は術者の前後左右に鏡を一枚ずつ置くものをいう（重松一九七八）。重松明久は、福岡県石塚山古墳から出土した三角縁神獣鏡に「日月」の銘文があることから、この鏡と『抱朴子』の日月鏡との関連を問うている。また、重松は大分県赤塚古墳における鏡の副葬配置について考察を加えた。出土した五面の鏡のうち、四面が被葬者の前後左右に置かれていたという副葬品配置を復元し、これを四規と結びつける。

今尾文昭は、前期古墳において、鏡の光が反射する側（鏡面）を被葬者に向け、被葬者の上下あるいは左右に鏡を置いて被葬者を挟むように鏡を置くことが基本であるという。その行為が埋葬施設で反復されることに意味をみいだす。鏡を被葬者の二方・三方・四方に置いて、被葬者を照らし出すように置かれた様は日月鏡や四規鏡に通じるという（今尾一九八九）。

図29―bの雪野山古墳は、五面の大型鏡を二つに分け、被葬者の頭側に三面、足下に二面の鏡を置いている。頭部側に置かれた三面のうち二面と足下の二面の鏡は被葬者側に鏡面を向けている。図29―aの向野田古墳は、直径二〇cmを超える大型鏡は含まれていないが、鏡三面のうち内行花文鏡は直径一七cm、方格規矩鳥文鏡は一八・四cmと大きめな鏡であり、三面の鏡が頭部を囲うように三方向に置かれている。三角縁神獣鏡が三三面出土したことで知

られる奈良県黒塚古墳は、画文帯神獣鏡を棺内の頭部付近に置いた上で、棺外には三角縁神獣鏡を被葬者の左右と頭部側の小口に並べる。鏡面が被葬者側を向いているのは他の例に同じである。類例は弥生時代にもあって、弥生時代中期の立岩堀田一〇号甕棺は被葬者の左右に鏡が置かれる。さらに弥生時代以来、埋葬施設を水銀朱やベンガラで赤く染めるが、とくに朱は神仙術にいう仙丹とかかわることが指摘されている。

『抱朴子』の著者である葛洪の生没年は二八三―三六三年頃であり、卑弥呼の死後すぐに生まれた人物である。その活動期は日本の古墳時代前期にあたる。つまり、同時期に中国で行われた呪法と、墳丘墓・古墳での葬送儀礼が類似しているのである。日本の墳墓における鏡使用が神仙思想に基づくもの、あるいはその影響を色濃く受けた可能性は高い。

## 浸透する神仙思想

神仙思想とそれにかかわる呪法は首長層だけでなく、地位の低い階層にも広がっていたようである。そのことをよく示す資料として折り曲げ鉄器がある。

弥生時代終末期から古墳時代前期に、刀剣やヤリガンナなどの鉄器を故意に折り曲げて副葬する事例がある。これを折り曲げ鉄器という。関東から西日本の地域で、一五〇例を超える事例が知られている。図48―2の事例は剣であるが、九〇度近くまで曲げられている。これは、棺の中で土圧や銹の影響で曲がったものではなく、副葬時に人為的に曲げられたので

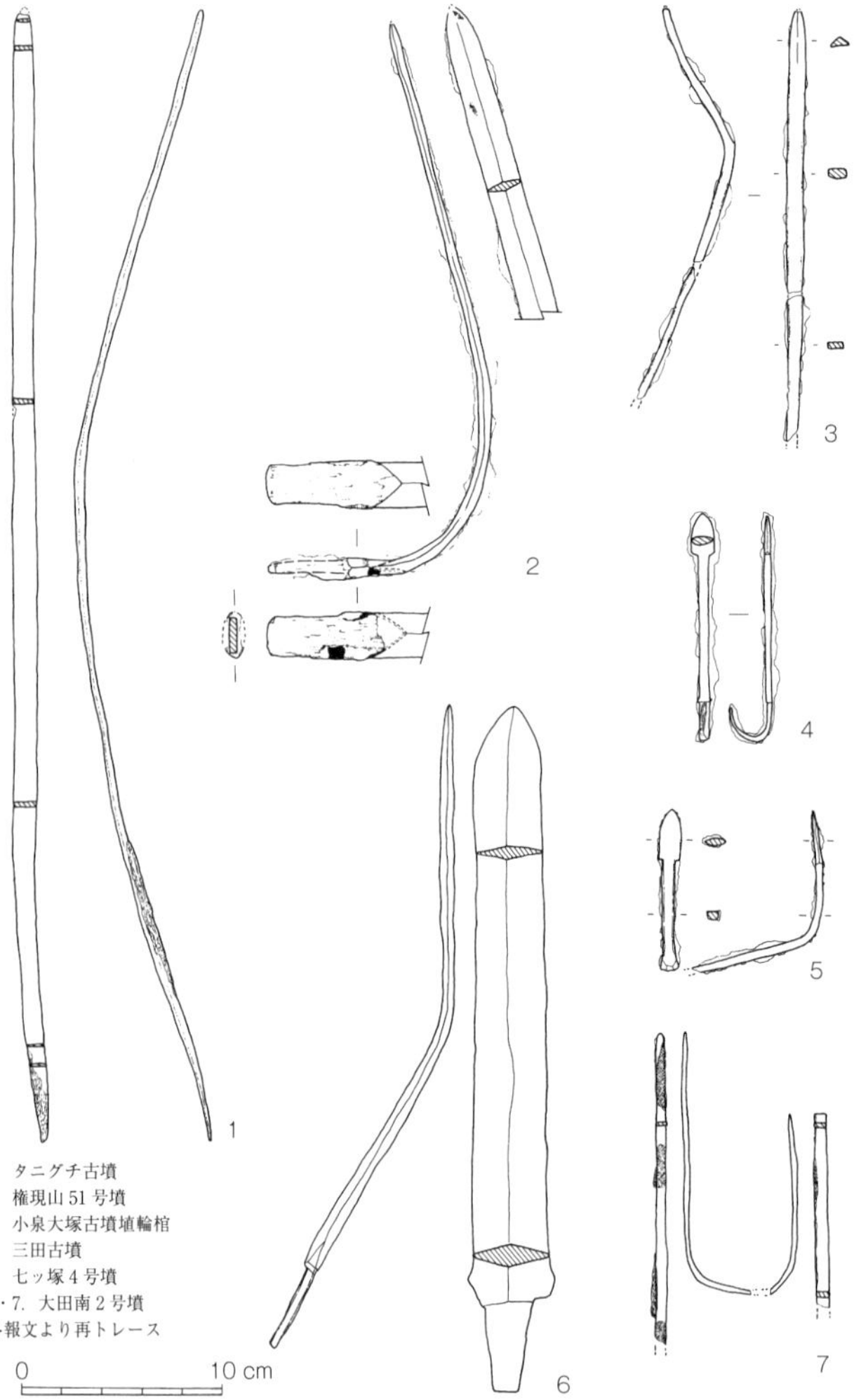


1. タニグチ古墳
2. 権現山 51 号墳
3. 小泉大塚古墳埴輪棺
4. 三田古墳
5. 七ッ塚 4 号墳
6・7. 大田南 2 号墳
各報文より再トレース

図 48　折り曲げ鉄器

ある。

この不思議な副葬品については、幾人もの研究者が分析を試みていたが、その意味は明らかにされずにいた。筆者はこれが神仙思想にかかわる呪法であることを明らかにした（清家二〇〇二）。折り曲げ鉄器にはいくつか特徴がある。まず、これが副葬される古墳は墳長二〇m未満の小規模な円墳・方墳が多い（図49）。図50の岡山市浅川3号墳はたかだか直径六mの円墳である。また、主要埋葬施設とともに副次的埋葬施設から出土する場合が多いことなどから（図49）、階層の高い埋葬施設にも副葬されるが、ランクの低い埋葬施設からも出土することがわかる。

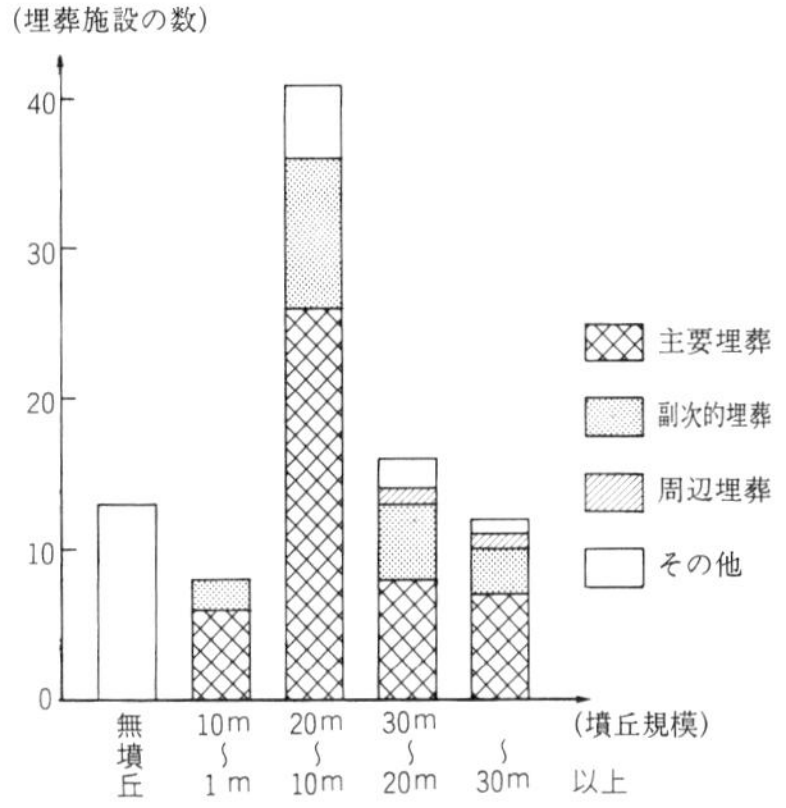


図49　折り曲げ鉄器が副葬される古墳の規模

折り曲げ鉄器は、埋葬施設の中で被葬者の頭胸部に置かれる例が過半を占めるほか、足もとあるいは棺外など、鏡の配置場所と類似した箇所からの出土が多いことも知られている。図50の浅川3号墳は、被葬者の頭に小型の鏡があり、足もとに

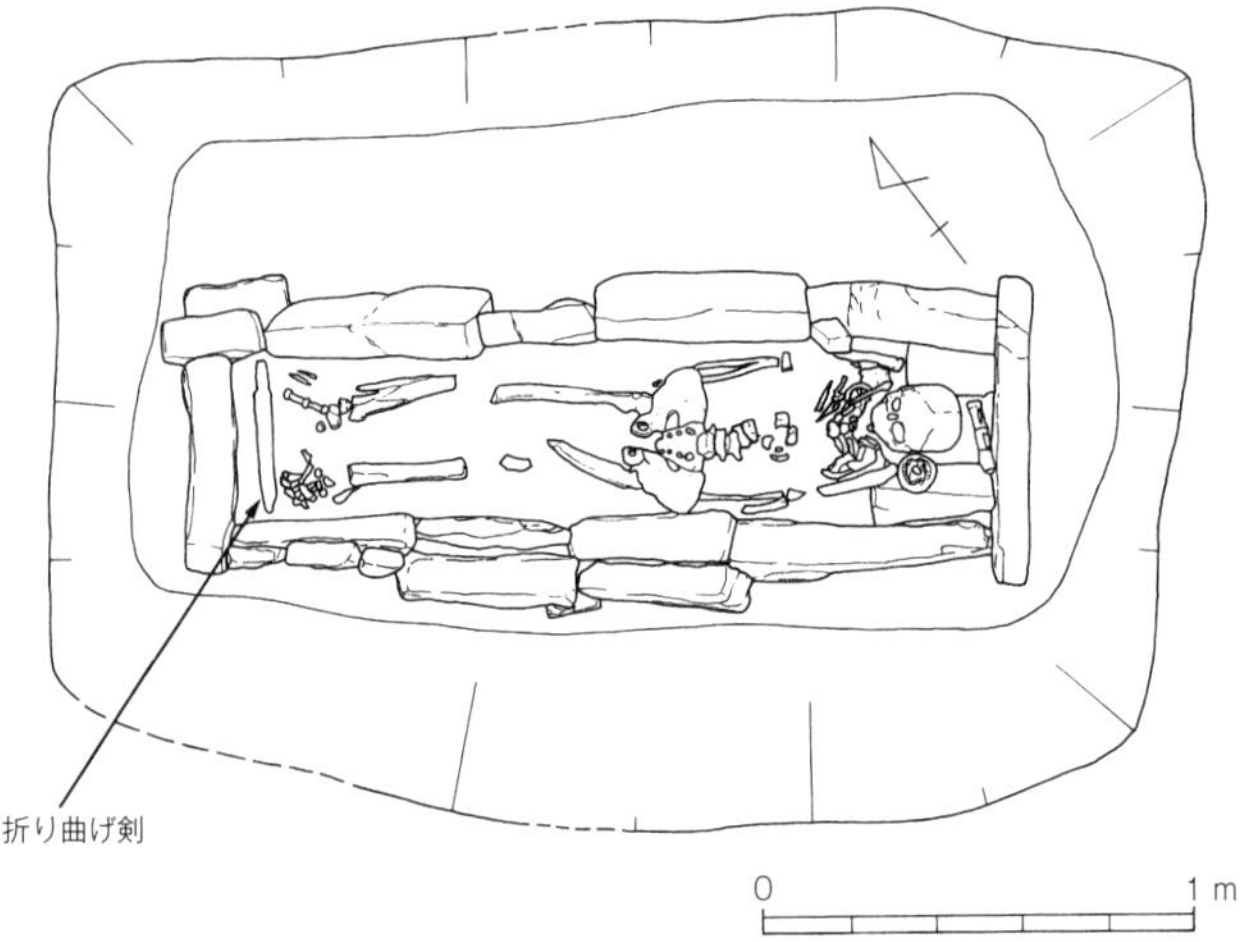


図50　浅川３号墳

折り曲げた剣が置かれる。複数の鏡が副葬される場合、雪野山古墳の例でみたとおり、鏡は頭と足もとに分けて置かれる場合があった。浅川3号墳において折り曲げ剣はまさに鏡の配置を意識して置かれているのである。このことから、折り曲げ鉄器は鏡の代用品として副葬されている可能性が高い。

さきほども登場した神仙思想家である葛洪が記した『神仙伝』によれば、仙者の一人である孫博は「能く鏡を引いて刀と為し、刀を屈げて鏡と為」したという（本田ほか一九六九）。鏡と刀は神仙の力を得るための重要なアイテムとされ、邪を避けるために刀剣と鏡を用いる場合があるなど、両者は深い関係にある（福永光一九七三）。

こうした脈絡から考えると、孫博はいたずらに鏡と刀を変化させたのではなく、鏡と刀剣が神仙術上関連があるが故に、鏡を刀に、刀を鏡に変化させたものと推測できる。刀を曲げて鏡ができるのであれば、刀を折り曲げて鏡の役割を担わせた可能性は十分考えられる。鏡の代用品として折り曲げ鉄器を用いた可能性が十分にあるということである。

折り曲げ鉄器が鏡の代用品だとすると、折り曲げ鉄器の特徴はうまく説明できる。鏡が置かれる位置に折り曲げ鉄器が置かれるのはその一つである。さらに鏡の代用品であるからこそ、鏡の副葬が行われる大規模な首長墳では、この呪法は用いられない。小規模墳や階層の低い埋葬施設でよく認められるのは、鏡を保有しないのでその代用品として折り曲げ鉄器を使用したからである。さらにいえば、畿内では折り曲げ鉄器はわずかに認められるが、それほど数は多くない。畿内は鏡の生産と保有が他地域よりも卓越しているため、鏡は他地域よりは普及している。それゆえに、その代用品である折り曲げ鉄器を副葬する必要がないのである。

このようにみてくると折り曲げ鉄器は、鏡の呪力を得るために鉄器を折り曲げるという神仙思想にかかわる呪法であったと考えてよい。鏡を持たない者が鉄器を折り曲げて鏡の効果を求める姿を想像すると、なんだか涙ぐましい感じがする。当時の人が神仙思想にいかに傾倒していたかわかろうというものだ。首長層から一般層に至るまで神仙思想がかなり深く浸透していたことが理解できる。

## 三 弥生時代中期から古墳時代前期の軍事的緊張と女王・女性首長

鬼道が神仙思想に由来する祭祀であり、弥生時代とくに終末期から古墳時代前期にこれが浸透していたことを踏まえ、弥生時代から古墳時代へ社会が大きく変化する中での女王・女性首長の盛衰をあらためて整理したい。この整理により、女王・女性首長の擁立の背景がみえてくるものと考える。

### 弥生時代中期の社会状況

弥生時代になり稲作が定着し、それが急速に伝播する。農耕という生産経済に突入したのだ。それが発端となり社会は大きく変化する。稲作は水田造りから水路の工事やその管理など、縄文時代以上に協業が必要となる。生産経済に入ったことにより人口増加が指摘される中で、協業ともかかわって集落は大規模化する傾向にある。青銅器や鏡が副葬される墳墓をみれば階層分化が進み、協業を管理し大規模集落を統治する首長が登場したと考えられている。人口増加の中で土地争いや水争いなどを発端として本格的な戦争が始まったとされるのも弥生時代である。

弥生時代中期は戦争が多発していた時代であると理解される。弥生時代前期以降、とくに中期には環濠集落・高地性集落など防御的あるいは戦闘に対応したとみられる形態の集落が発達する。環濠集落は、溝と土手によって集落の周囲を取り囲んだ集落である。大阪府池上曽根遺跡は溝が何重にも集落を取り囲んでおり、外界からの進入を防ぐかのようである。愛知県の朝日遺跡では環濠の底にとげとげしい木が敷かれていた。溝を渡ってくる侵入者を防ぐための逆茂木（さかもぎ）だといわれている。吉野ヶ里遺跡も周囲が溝と柵で囲まれ、入り口付近には望楼と考えられる建物が建てられる。外敵が来襲しないかを監視した建物であろう。高地性集落は高台や丘陵上にある集落である。見張りや逃げ城の性格を持つという。都出比呂志は京阪神の高地性集落を踏査し、高地性集落が互いにみえる位置にあることを明らかにしている。のろしなどを通じて非常時の連絡をすることが可能であったことを明らかにした（都出一九七四）。高地性集落は外敵の来襲に備えた施設であったと考えられる。すべての高地性集落が戦争にかかわるとはいえないものの、戦争に関係する高地性集落は多いと考えられる。

武器形石器の発達も中期に認められる。大型の石鏃が新たに登場し、それは対人兵器としての発達として知られている。縄文時代には一～二g程度の石鏃が、弥生時代には数gから十gを超えるようになる（佐原一九六四）。石鏃の大型化には何段階かあるらしいが、中期の発達が最も顕著である。さらに、殺傷人骨が頻繁に認められるのもこの時期である。

この時期、女性は首長層の一角を占めながらも、女性首長とおぼしき人物は認められなかった。先述の通り、女性は軍事的権能を持たなかった、あるいは持っていたとしても男性より劣位にある。この時期の首長には軍事的力量と能力がより強く要求されていた。女性はそうした権能を持たないと認識されていたため、集団の代表的地位につくことができなかったと考えられる。

## 軍事的緊張の緩和と神仙思想の蔓延

弥生時代後期以降、状況は大きく変化する。環濠集落は解体し、一部を除いて高地性集落も減少に向かう。弥生時代後期以降、殺傷人骨は急速に認められなくなる。ただし、後期には甕棺墓が衰退し、甕棺墓よりは人骨が残りにくい木棺墓や箱形石棺墓に代わっていく。このことに殺傷人骨減少の原因はあるかもしれない。

弥生時代後期後半～終末期から古墳時代前期にあっては、戦争あるいは争乱を推察させる資料は質・量ともに影を潜めるのである。松木武彦は、当該期においても、高地性集落や武器副葬が存在するので、地域的な対立軸を変化させながらも戦争ならびに緊張関係が持続したという（松木一九九八）。また、松木は、そうした緊張関係が続く中で首長が武力を掌握し軍事的な権能を有するようになったとも説く（松木一九九八）。筆者も、当該期における戦闘、ならびに軍事的儀礼や集団間の軍事的緊張関係が存在したことを否定するわけではない。弥生時代終末期から古墳時代前期における武器副葬は少なくないし、武人的性格を持つとされる被葬者の存在も指摘される（鈴木一九九六）。そうしたものは常に存在し続けたが、社会における戦争に対する関心と準備は、遺構・遺物からみる限りそのウエートが下がっていることを主張したいのである。

その代わりに勃興してきたのが、神仙思想とそれにかかわる祭祀だといえよう。軍事的緊張が緩和される中で、不老長寿を求める思想が普及していくのである。弥生時代後期から古墳時代前期まで神仙思想にまつわる埋葬儀礼が多く認められることはすでに示した。

松木武彦は、古墳時代前期において、鏡・玉類・腕輪形石製品などが遺体に接して置かれるが、武器副葬は棺外に多いことから武器副葬は副次的存在であると述べる。ここから、前期の首長が第一義的に司祭者的性格をもち、副次的に戦闘指揮者としての性格を持つと評価する（松木一九九二：六四頁）。福永伸哉は、弥生時代終末期から古墳時代前期において、ヤマト政権が儀礼管理を行い、各地域の首長に配布する鏡の面数を管理したという魅力的な見解を示している（福永伸一九九九）。

福永説に代表されるように、古墳時代前期において鏡などを用いた儀礼は、古墳祭祀においてもっとも重要視されていたと思われる。つまり、古墳祭祀においては、軍事的儀礼は存在するものの鏡などを用いた祭祀により力点が置かれていると考えられるのである。古墳における祭祀はもちろん葬送儀礼の一過程であるが、その祭祀が、集団を代表する首長の葬送儀礼において行われるものであるから、日常古墳社会の状況ならびに首長の権能を少なからず反映していると考えられる。

つまりは、古墳時代前期社会においては、軍事的権能とともに鏡などを用いた儀礼に代表される別の側面が、首長には必要とされ、後者がより強く求められたということである。この傾向は弥生時代後期にも遡るであろう。弥生時代後期〜終末期の墳丘墓はそれほど調査が進んでいるわけではないが、楯築遺跡・平原墳丘墓の武器副葬は少なく、前者は大量の朱が埋葬に用いられ、後者は多数の鏡が副葬されていた。ホケノ山墳丘墓は盗掘が激しいため鏡の枚数は確定しないが三面以上の副葬があったとされる[1]。

この時期から女性首長は登場し、そして卑弥呼も擁立される。軍事的緊張の度合いは低下したので、軍事権をもたない女性が首長位あるいは王位に就くことに障害はなくなったのであった。祭祀は男女がともに担う能力を持つのであるから、能力次第で女性は集団のリーダーとなることがありえたわけである。

ただし、首長位は双系的継承であったが、王位は男性継承が基本となっていた。その違いがあるのはすでに第4章で説明したとおりである。

## 四　女性首長、その後

女性首長が一般化した時期はそう長くは続かなかった。古墳時代中期になると再び社会状況が変化したからである。

まず女性首長の姿が消えて行く事実から述べよう。古墳人骨をみてみると、大型・中型前方後円墳の主要埋葬施設から出土する女性人骨は基本的にないといって良い。人骨から女性が主要埋葬施設に埋葬されていたとされる古墳は京都府大谷古墳で全長三二mの前方後円墳、山口県赤妻古墳で直径三〇mの円墳などである。首長墳とはいえ三〇m級にとどまっている。

古墳時代中期は、埋葬施設に石棺が前代より多く使用されるので、女性首長が存在するのであれば骨がみつかる可能性は前期より高いはずである。それにもかかわらず、大型・中型首長墳において、女性人骨が主要埋葬施設から検出されることはないのである。

その可能性を持つのは唯一、大阪府交野東車塚古墳だけである。この古墳は全長六五ｍの前方後方墳であり、その主要埋葬施設では被葬者の腕部に石釧が置かれていたので女性が埋葬されていたと考えられる。

しかし、時期は中期でも初頭であることに加え、同じ埋葬施設には別の人物がもう一体埋葬されていたことが指摘されている。その一体は甲冑の副葬があるので男性であると考えられる。主要埋葬施設に女性が葬られたのは、時期的に前期の影響が残っていた可能性が考えられるのと、男性首長偏重の時代へと移り変わる過渡期であったので、男女が同棺に埋葬されていたことが考えられよう。

人骨の遺存は偶然性が高いので、大古墳にたまたま女性人骨が遺存しなかった可能性もある。そこでここでも鏃と甲冑の副葬率をみてみよう。古墳時代前期における近畿の前方後円墳主要埋葬施設の鏃あるいは甲冑の副葬率は六七％であった（図26）。地方まで広げると五〇％まで低下する可能性がある（鈴木一九九六）。しかし、中期になると主要埋葬施設における鏃あるいは甲冑の副葬率は九〇％を超える（図51）。何度も繰り返すが鏃・甲冑は男性に伴う副葬品である。鏃・甲冑副葬率は男性被葬者の最低の割合を示し、男性被葬者の割合はそれ以上であった可能性が高い。中期における前方後円墳主要埋葬施設の被葬者は男性がほとんどだった状況がみえてくるのである。

古墳時代中期になると、鏡・腕輪形石製品の副葬は減少あるいは消滅する。その一方で、鉄製甲冑ならびに刀・槍・鉄鏃の副葬が増加するとともに、前期には少なかった武器・武具の棺内副葬が行われるようになる（松木一九九二）。松木武彦は、中期になって武器・武具の内容が革新されるとともに、それらの棺内副葬が顕著になることから、中期における首長の生前の活動が軍事的色彩を帯びていたと指摘する（松木一九九二）。古墳時代中期の首長の性格が軍事化していることは他の研究者も認めるところである。（田中一九九三、田中二〇〇三、藤田一九八八など）。前期の末葉ごろを境にして首長墳の副葬品には武器副葬がより比重を増していくことになる。中期の首長には軍事的権能が前期以上に求められたことが考えられよう。

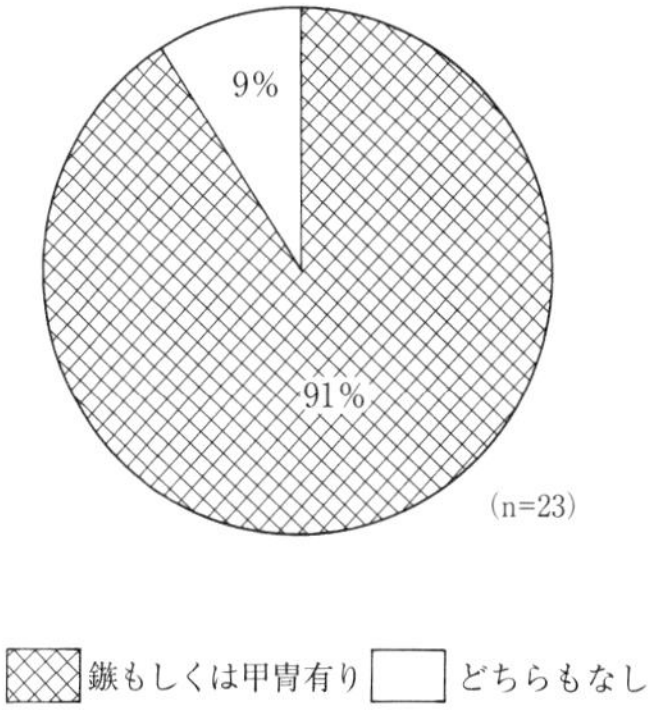


図51　中期古墳主要埋葬施設における鏃・甲冑の副葬率

この背景には、「広開土王碑」にあるように韓半島への倭の軍事的関与が認められることと関連があろう。また、韓半島での軍事的行動が敗北に終ったようで、それを契機として中期の甲冑や武器類が韓半島と関係が深いそれに刷新されることも興味深い（松本二〇〇一：一三八―一四三頁）。韓半島での動向や敗北経験から、ヤマト政権が軍備と軍事体制を変革し諸地域の首長を軍事的に編成することを試みた可能性が考えられるからである。

実際、倭の五王の一人である武が南宋に送った上表文をみれば、高句麗との対立を明確に記してある。そして「祖禰躬擐甲冑跋渉山川不遑寧處東征毛人五十五国西服衆夷六十六国渡平海北九十五国」（祖禰《そでい》躬ら甲冑をつらぬき、山川跋渉し、寧處に遑《いとま》あらず。東は毛人を征すること五十五国、西は衆夷を服すること六十六国、渡りて海北を平ぐること九十五国。）とあり、倭王武の先祖が甲冑を着て、国内外を平定したと述べているのである。誇張も多いであろうが、王権が軍事化していることや、「海北」と述べていることから韓半島への進出が何度か存在したことを示している。

考古学的にも文献的にも王権が軍事化し、畿内や地方の諸勢力を軍事的に編成した可能性が指摘できるであろう。その際に軍事的権能をもたない女性では、首長として軍事編成に対応ができない。そのため女性は首長権を手放し、首長層は父系化が進んだと考えられるのである。

## 五　卑弥呼擁立の背景と条件

これまでの分析の中で全体を通しいえることは、まず弥生時代から古墳時代前期にかけて、女性の地位は男性に比して低くはなかったことである。首長層の中で男性が優位に立っていた弥生時代中期においても、首長層の中には女性も含まれており、エリート層が集う墳墓においても女性の埋葬が認められたのは第2章で示したとおりである。

また、男性エリートと女性エリートの権能についても、両者はほぼ同等の権能を有していたことも明らかであった。祭祀は男女ともにほぼ同等に担っていたであろうことが、考古資料・文献の成果から明らかとなった。農工具の副葬からみれば生産にかんする権能も同等であり、一般的な政務も男女首長は同等の権能を有していた。ただ唯一、女性エリートには軍事権が伴わなかった可能性が高い。このことが女性首長や女王の盛衰をもたらした可能性が高い。

そのような視点で時系列的に整理したところ、女性首長の盛衰は、争乱の活発化や軍事的緊張ならびに政権の軍事化と負の相関を持つことが明らかであった。戦争が活発に行われ軍事的緊張が西日本を中心に高まっている弥生時代中期と、政権の軍事化と地方首長の軍事編成が図られた古墳時代中期の首長は男性が主体を占める。その間の弥生時代後期後半から古墳時代前期にかけてのみ女性首長が登場し、その時に卑弥呼と台与が擁立されるのだ。女性首長は①女性の地位が伝統的に比較的高く、②女性エリートは軍事を除いて男性エリートと同等の権能を有しており、③軍事的緊張が緩和し、④神仙思想が重視されたという条件下で存在したと言える。

ただし、女性首長は双系的親族構造の中で一般的存在であるのにたいし、王位は男性継承という原則の中で卑弥呼と台与は中継ぎであったことは大きな違いである。中継ぎであれば、女性首長の盛衰と関係なく、王位継承問題が起こった時に擁立されうる。じっさいに日本書紀によれば、古墳時代中期後葉に相当する時期に飯豊皇女が「臨朝秉政」を行っている。しかし、卑弥呼と台与が間に男王を挟んだとしてもほぼ連続して擁立された要因には、当時の女性の地位が高かったことが影響し、軍事的緊張が下がっていたことが背景にあったと考えられる。軍事的緊張が極度に高い時に、軍事権を持たない女王を立てることはやはりリスクがある。また女性首長が一般化していれば、女性が王位を継承することに対して邪馬台国傘下の勢力も受け入れがしやすかったであろう。このような背景の下、卑弥呼は擁立されたのだと考える。

［注］

（1）調査では三面の鏡あるいは鏡片が確認され（河上邦彦は四面とする）、ホケノ山出土と伝えられる鏡が別に二～三面知られている（河上二〇〇八）。

［参考文献］


今尾文昭　一九八九「鏡―副葬品の配列から」『季刊考古学』第二八号　雄山閣：四三―四八頁

河上邦彦　二〇〇八「ホケノ山古墳のいくつかの問題」『ホケノ山古墳の研究』橿原考古学研究所研究成果報告第一〇冊：二六二―二七〇頁

佐原　真　一九六四「石製武器の発達」『紫雲出』香川県三豊郡詫間町文化財保護委員会（佐原真二〇〇五『戦争の考古学』岩波書店に再録）。

重松明久　一九七八『古墳と古代宗教』学生社

鈴木一有　一九九六「前期古墳の武器祭祀」福永伸哉・杉井健編『雪野山古墳の研究』考察篇　八日市市教育委員会：一四五―一七四頁

清家　章　二〇〇二「折り曲げ鉄器の副葬とその意義」『待兼山論叢』第三六号史学篇　大阪大学大学院文学研究科：一―二四頁

田中晋作　一九九三「武器の所有形態からみた常備軍成立の可能性について」（上）（下）『古代文化』第八号・第一〇号　古代学協会：一―九頁、一〇―一九頁
田中晋作　二〇〇三「古墳に副葬された武器の組成変化について」『日本考古学』第一五号　日本考古学協会：一一―三三頁
田中　琢　一九七九『古鏡』日本の原始美術八　講談社
都出比呂志　一九七四「古墳出現前夜の集団関係―淀川水系を中心に」『考古学研究』第二〇巻第四号　考古学研究会　二〇―四七頁
福永伸哉　一九九九「古墳の出現と中央政権の儀礼管理」『考古学研究』第四六巻第二号　考古学研究会：五三―七二頁
福永光司　一九七三「道教における鏡と劔」『東方学報』第四五冊　京都大学人文科学研究所
藤田和尊　一九八八「古墳時代における武器・武具保有形態の変遷」『橿原考古学研究所論集』第八　吉川弘文館：四二五―五二七頁
本田　済ほか（訳）一九六九『抱朴子　列仙伝・神仙伝　山海経』平凡社
松木武彦　一九九二「古墳時代前半期における武器・武具の革新とその評価」『考古学研究』第三九巻第一号　考古学研究会：五八―八四頁
松木武彦　一九九八「「戦い」から「戦争」へ」都出比呂志編『『古代国家』はこうして生まれた』角川書店：一六三―二一六頁
松木武彦　二〇〇一『人はなぜ戦うのか』講談社

# あとがき

本書では、卑弥呼らの権能や政治的性格を明らかにしつつ、彼女達が擁立される背景を探った。こうした研究は文献史や民族学には存在したが、考古学サイドからの言及は少なかったといえる。そういった意味で新たな分析視点を本書は提供したといえよう。

ただし、一つだけ重要な課題を語り残したことがある。王位の男性継承についてである。弥生時代終末期から古墳時代前期にかけて、首長位は双系的に継承されるが、王位・大王位は男性が継承するとの理解を示し、地位継承方法に階層差があることを述べたのであった。しかし、なぜ王位においてのみ男性継承を基本とするのかについては触れていない。大王墓の内容は不明な部分が多いので、資料的に限界があって難しい問題である。今後の重要な課題としたい。

予想される要因としては、大王や王は倭国を代表する外交権を持っていることが考えられよう。父系社会を前提とする中国王朝にたいして、男王が外交にあたる必要性があったことと、海外諸国と衝突が起こった際にはやはり軍事権が関係してくるだろう。そうした不利益を乗り越えても、女王卑弥呼が必要とされたことこそ重要ともいえる。

読者の中にはおわかりの方もおいでとも思うが、本書は義江明子氏の『つくられた卑弥呼』（ちくま新書、二〇〇五年）を意識して書いている。義江氏の見解に異論があるのは本文でも述べた通りであるが、それ以上に義江氏の著書が重要であり見習うべきところは、卑弥呼を他の資料群の中で論じ、歴史的流れの中で卑弥呼を位置づけるという方針である。この方向性はまったくのところ正しく、本書を執筆するきっかけとなった。すなわち文献史料をあつかった義江氏にたいして、考古学を中心とした資料の中で卑弥呼を分析し、位置づけることを目ざしたのである。それが成功したかどうかは読者の判断にゆだねることとしたいが、突出した資料や目立つ資料のみ取り上げて論を展開することの愚は伝わったかと考える。

本書は主として二〇一二年度に書いていたのだが、あともう一息というところで学内外の業務に追われることとなり、本書の作業が中断せざるを得なかったため出版が遅れた。その間に世の中は急激に変わり、歴史研究の自由が脅かされそうな世情に寒気さえ覚える。学問の自由を守るために研究者は行動していく必要を感じる。

本書の内容は二〇〇八年度に行った高知大学の考古学講義が基になっている。この講義を行った時に内容の面白さに手応えを感じ、いずれは書籍にまとめたいと考えていたところタイミング良く学生社の鶴岡阷巳会長から女性史関係での出版のお話をいただいた。よくよくご縁があったものと考え、本書の内容を伝えたところ、ご了解いただいて本書の出版となった。機会を与えていただいた鶴岡会長に心よりお礼申し上げたい。

本書はこれまでの研究と勉強が基礎となっているが、執筆するにあたって新しく調査と分析を加えた。そうした追加の調査や本文中の図面と写真の使用に関して、以下の方々・諸機関より多大なご協力をいただいた。心より感謝したい。

浅田尚子・荒井順子・上野祥史・宇垣匡雅・ウ＝ジェビョン・大櫛敦弘・岡部裕俊・岡村秀典・キム＝ヒジュン・篠田謙一・嶋圭太・清水篤・鈴木一有・高橋照彦・田中良之・谷畑美帆・都出比呂志・友岡信彦・中久保辰夫・稗田優生・福永伸哉・藤尾慎一郎・藤本貴仁・溝口孝司・伊都国歴史博物館・宇土市教育委員会・大分県立歴史博物館・大阪大学考古学研究室・韓国国立中央博物館・九州大学大学院比較社会文化学府・九州歴史資料館・豊中市教育委員会・奈良県立橿原考古学研究所（個人・団体、五十音順）。

最後に、多忙な筆者をいつも支えてくれる家族に感謝し、筆を擱くこととする。

〔図表出典〕

本書は、拙著二〇一〇『古墳時代の埋葬原理と親族構造』大阪大学出版会を基礎にして、一部重複しつつも新たに書き下ろしたものである。グラフなどの多くは上記図書によっており、その資料的根拠も上記図書に示してある。本書初出のグラフについてはその根拠をできるだけ表として示すようにしてある。資料的根拠を求められる方は、拙著二〇一〇ならびに本書表をあたられたい。

図1：清家二〇一〇。

図2：白石太一郎ほか一九八四「箸墓古墳の再検討」『国立歴史民俗博物館研究報告』第三集：四一―八二頁、奈良県立橿原考古学研究所二〇〇八『ホケノ山古墳の研究』橿原考古学研究所研究成果第一〇冊を改変。

図3：岡村秀典一九九九『三角縁神獣鏡の時代』吉川弘文館より、一部改変。

図4：樋口隆康二〇〇一「卑弥呼の銅鏡百枚」『邪馬台国がみえた』学生社：八―三七頁。

図5：国立歴史民俗博物館編　一九九六『倭国乱る』朝日新聞社・滋賀県立安土城考古博物館二〇〇二『共に一女子を立て―卑弥呼政権の成立―』より再トレース、一部改変。

図6：谷畑美帆・鈴木隆雄二〇〇四『考古学のための古人骨マニュアル』学生社より再トレース、一

部改変。
図7：1．立岩遺蹟調査委員会一九七七『立岩遺蹟』河出書房、2．呼子町郷土史研究会一九八一『大友遺跡』、3．小林行雄一九六一『日本考古学概説』東京創元社より再トレース。
図8：清家二〇一〇
図9：伊都国歴史博物館提供。
図10：伊都国歴史博物館提供。
図11：伊都国歴史博物館提供・九州歴史資料館蔵。
図12：茂和敏編二〇〇六『安徳台遺跡群』那珂川町文化財調査報告書第六七集　那珂川町教育委員会より再トレース、一部改変。
図13：佐賀県教育委員会　一九九七『吉野ヶ里遺跡』佐賀県文化財調査報告書第一三二集より再トレース、一部改変。
図14：大庭重信一九九九「方形周溝墓制からみた畿内弥生時代中期の階層構造」『国家形成期の考古学』―大阪大学考古学研究室一〇周年記念論集―大阪大学考古学研究室・大阪大学考古学友の会：一六九―一八三頁より再トレース。
図15：田中清美一九八六「加美遺跡発掘調査の成果」『加美遺跡の検討』古代を考える四三　古代を考

える会：二一—四六頁より再トレース、一部改変。
図16：赤松啓介一九五八『加西郡加西町周遍寺山古墳発掘調査概要』より再トレース、一部改変。
図17：伊都国歴史博物館提供。
図18：伊都国歴史博物館提供。
図19：前原市教育委員会　二〇〇〇『平原遺跡』前原市文化財調査報告書第七〇集より再トレース、一部改変。
図20：宇垣匡雅氏提供。
図21：初出。
図22：清家二〇一〇。
図23：1．福永伸哉・杉井健編一九九六『雪野山古墳の研究』八日市市教育委員会　2．富樫卯三郎編一九七八『向野田古墳』宇土市埋蔵文化財調査報告書第二集　宇土市教育委員会　3．田上雅則編一九九二『娯三堂古墳』池田市教育委員会より再トレース。
図24：清家二〇一〇。
図25：1．富樫卯三郎編一九七八『向野田古墳』宇土市埋蔵文化財調査報告書第二集　宇土市教育委員会より再トレース、一部改変。　2．宇土市教育委員会提供。

図26：清家二〇一〇。

図27：清家二〇一〇。

図28：清家二〇一〇。

図29：a．富樫卯三郎編一九七八『向野田古墳』宇土市埋蔵文化財調査報告書第二集　宇土市教育委員会、b．福永伸哉・杉井健編一九九六『雪野山古墳の研究』八日市市教育委員会。再トレース一部改変。

図30：1・2．豊中市教育委員会提供。3・4．飯塚市教育委員会提供。

図31：都出比呂志一九八九『日本農耕社会の成立過程』岩波書店。

図32：佐々木謙一九八一「鳥取県淀江町出土弥生式土器の原始絵画」『考古学雑誌』第六七巻一号　日本考古学会：九五—九九頁。

図33：1．高島忠平一九八〇「佐賀県川寄吉原遺跡出土の鐸形土製品の人物絵画」『考古学雑誌』第六六巻第一号　日本考古学会：四五—四八頁　2・3．藤田三郎・豆谷和之一九九七「清水風遺跡第2次調査」『田原本町埋蔵文化財調査年報一九九六年度』田原本町教育委員会：一二—一五頁　4．久保伸洋一九九六『佐賀県文化財年報』1佐賀県教育庁文化財課：四八頁　5．梅原末治編一九三三『大和唐古彌生式遺跡の研究』桑名文星堂　6．田原本町教育委員会二〇〇六『弥生の絵画』田原本の

遺跡4　田原本町教育委員会　7．長谷川一英編二〇〇九『新庄尾上遺跡』岡山市教育委員会　8．斎藤明彦一九八六「坪井遺跡の絵画土器について」『考古学雑誌』第七二巻第二号　日本考古学会：一〇八―一一一頁　9．藤田三郎編一九八六『田原本町埋蔵文化財調査四―昭和六〇年度唐古・鍵遺跡第二二・二四・二五次発掘調査概報―』田原本町教育委員会　10．中村慎一一九九九「農耕の祭り」『神と祭り』古代史の論点第5巻　小学館：八五―一四二頁。再トレース、一部改変。部分的に復元的に示したものもある。復元には中村一九九九を参考にした。

図34：韓国国立中央博物館ホームページより。韓国国立中央博物館所蔵。

図35・36：鈴木一有一九九九「鳥装の武人」『国家形成期の考古学』―大阪大学考古学研究室一〇周年記念論集―大阪大学考古学研究室・大阪大学考古学友の会：四八七―五〇二頁より一部改変。

図37：初出。

図38：清家二〇一〇。

図39　田中良之一九九五『古墳時代親族構造の研究―人骨が語る古代社会―』柏書房。

図40　中村浩・宮野淳一一九九〇「二本木山古墳の調査」『陶邑』Ⅶ　大阪府教育委員会：一三七―一四一頁より再トレース。

図41：清家二〇一〇。

図42：柳本照男編一九八七『摂津豊中大塚古墳』豊中市文化財調査報告第二〇集　豊中市教育委員会より再トレース。
図43：清家二〇一〇。
図44：1．真野和夫ほか一九八六『免ヶ平古墳』大分県宇佐風土記の丘歴史民俗資料館、2．宇佐風土記の丘歴史民俗資料館一九九一『免ヶ平古墳』より再トレース、3．大分県立歴史博物館提供。
図45：清家作成。
図46：清家撮影。
図47：清家二〇一〇。
図48：1．西藤清秀一九九六『タニグチ古墳群（付　タニグチ墳墓群）発掘調査報告』高取町教育委員会・奈良県立橿原考古学研究所、2．近藤義郎ほか一九九一『権現山五一号墳』『権現山五一号墳』刊行会、3．今尾文昭一九九〇『奈良県遺跡調査概報』一九八九年度（第1分冊）奈良県立橿原考古学研究所、4．駒井正明一九九三『上フジ遺跡Ⅲ・三田古墳』大阪府埋蔵文化財協会調査報告書第八〇輯、5．杉井健ほか編二〇〇二『長岡京市における後期古墳の調査』長岡京市教育委員会、6・7．肥後弘幸ほか一九九一『大田南古墳群—大田南2・3号墳、矢田城跡発掘調査概要—』京都府弥栄町文化財調査報告第七集より再トレース。

図49：清家章二〇〇二「折り曲げ鉄器の副葬とその意義」『待兼山論叢』第三六号史学篇　大阪大学文学会：一―二四頁。
図50：内藤善史ほか一九九八『高下遺跡　浅川古墳群ほか　椨原古墳群　根岸古墳　一般国道2号改築工事（岡山バイパス）に伴う発掘調査』岡山県埋蔵文化財発掘調査報告一一三より再トレース。
図51：清家二〇一〇。
表1：福永伸哉二〇〇一『邪馬台国から大和政権へ』大阪大学出版会。
表2・3・5～7・11・13～15：清家二〇一〇。一部改変したものもある。
表4・8～10・12：初出

# 補論

## 一　新装版の出版にあたって

新装版が刊行されるにあたり、本書の内容を大きく書き換えることも考えたが、旧版が少部数であったこともあって入手困難となっている。研究史的意義もあろうかと考えて、修正は必要最小限のごく一部にとどめた。とくに大きく修正した箇所は一八二頁の向野田古墳女性人骨の妊娠痕に関わる箇所である。旧版では、妊娠痕の存在は不明としていたが、近年、調査が行われ、その内容が明らかになったのであった。その内容は先に記したとおりである。この人骨は、女性首長の人骨としては最も大きな古墳から発見された資料であるので、その妊娠経験の有無はきわめて重要な情報である。古い情報のままでは弊害が大きいと考え、新知見を加えて書き換えを行った。

それ以外にも、旧版を執筆していた五年前に比べて、研究の深化・進化は著しい。旧版では反映できていなかったが、渡邉義浩の著書によって、魏志倭人伝の里程から邪馬台国の位置を探ることは困難であることが明確になった（渡邉二〇一二）。「一大率」等の役割（渡邉二〇一二）や本書に記したような考古学的状況から邪馬台国畿内説はさらに確固たるものになっている。古墳時代における実年代研究は、放射性炭素年代や年輪年代による分析が旧版当時よりもさらに進んだ。また、本書では歯冠計測値による被葬者の親族関係の推定を紹介しているが、この五年でＤＮＡ研究は飛躍的に進んだため、古墳時代の親族構造研究はＤＮＡ研究によって、早晩、大きく書き換えが迫られるかもしれない。筆者自身も、あるＤＮＡ研究班と放射性炭素年代研究班に属し、研究を進めている最中にある。その成果については、研究プロジェクトの終了後に別途紹介したいと思っている。

ここでは、旧版で多くを語らなかった台与の王位継承について補足をしたい。

## 二　台与の擁立

魏志倭人伝には、台与擁立時に「更立男王国中不服更相誅殺當時殺千余人復立卑弥呼宗女台与年十三為王国中遂定」（更に男王を立てしも、国中服せず。更ゞ相誅殺し、当時千余人を殺す。また卑弥呼の宗女台与年十三なるを立てて王となし、国中遂に定まる。）と記す。

すなわち、卑弥呼の死後いったん男王が擁立されたものの、「千余人を殺す」と言われるような混乱の後、台与は王に擁立される。その年は十三であったという。卑弥呼の死が正始中にあり、男王をはさんでの擁立である。卑弥呼が二四七年から二四九年の間に亡くなり、その後の男王と混乱期をはさむとすると、台与は二五〇年前後に擁立されたと考えられる。また、『晋書』には二六六年に倭から遣いがあったことが記されている。『日本書紀』の神功紀に引用される『晋起居注』に泰初（「泰始」の誤りとされる）二年（二六六年）に、倭の女王の使者が朝貢したとあり、「女王」とあることから、これを台与の遣使と考える者が多い。これが正しいとすると少なくともこの時期までは、台与が在位していたことになる。台与の在位期間が古墳時代に属していることは間違いないところである。

台与は、年十三で擁立されている。本論でもすでに述べたとおり、擁立時は未婚であり、他の女王・女性天皇と比較するとおそらくは未婚のままその生涯を終えた可能性がある。「千余人を殺す」という混乱期に中継ぎとして彼女は擁立されたのであろう。

彼女は、卑弥呼の宗女であって娘ではない。一族の娘である。さらに重要なことは、台与と前王である男王との関係が魏志には記されていないことである。この男王と卑弥呼との関係も書かれていない。卑弥呼と台与の関係を記しているにもかかわらず、男王の親族関係的位置づけはまったく不明なのである。中国の正史は、前王と王の関係を記すことが多く、男王の親族関係的位置が不明であるのは、卑弥呼や台与とは血縁関係がないか、血縁的に遠い人物であることを暗示している。

## 三　大和柳本古墳群の王墓

三世紀中頃から四世紀前半の王墓は、上記のような王位継承をよく反映した動きをしている。この時期の王墓群は大和盆地東南部に築造される。大和盆地東南部の古墳群は大和柳本古墳群としてひとくくりにされることもあるが、箸墓古墳を中心とする箸墓古墳群、西殿塚古墳を中心とする大和古墳群、柳本行燈山古墳と渋谷向山古墳を中心とする柳本古墳群に分けられることが多い。つまり初期王墓は三グループに分かれて存在している。さらにこれらから二〜三㎞南にある桜井茶臼山古墳とメスリ山古墳からなる鳥見山古墳群がある。これをを加えると四つのグループとなる。白石太一郎はこれら四つの古墳群は別個の政治集団であると考え、この時期の大王はいくつかの集団から共立され、その地位は集団間を移動しうると説く(白石一九九九)。

筆者は鳥見山古墳群の古墳が王墓であるかどうかについては懐疑的だが(清家二〇一八)、初期王権が複数の有力集団から構成される連合王権であるという考えには賛同している。箸墓古墳群、大和古墳群、柳本古墳群という少なくとも三グループ、白石の説に従えば鳥見山のグループを加えて四グループにわたって王墓が築かれている状況は、卑弥呼から男王、そして男王から台与へと、血縁関係がない者の間で王位が引き継がれたことと親和的である。

具体的に初期王墓の築造順序を見れば、箸墓古墳→西殿塚古墳→柳本行燈山古墳→渋谷向山古墳の順となる。王墓の築造場所は、箸墓古墳群から大和古墳群そして柳本古墳群へと移動しているようすがわかる。鳥見山古墳群のそれを王墓に含めるとなると、王墓の変遷はもっと複雑なものになる。その場合の築造順序は、桜井茶臼山古墳と西殿塚古墳の時期的関係が微妙なところであるが、箸墓古墳→(桜井茶臼山古墳)→西殿塚古墳→メスリ山古墳→柳本行燈山古墳→渋谷向山古墳となる。そうなると箸墓古墳群で誕生した王墓は、大和古墳群と鳥見山古墳群を行き来したのち、柳本古墳群へと築造場所が移動する。この時期には、王

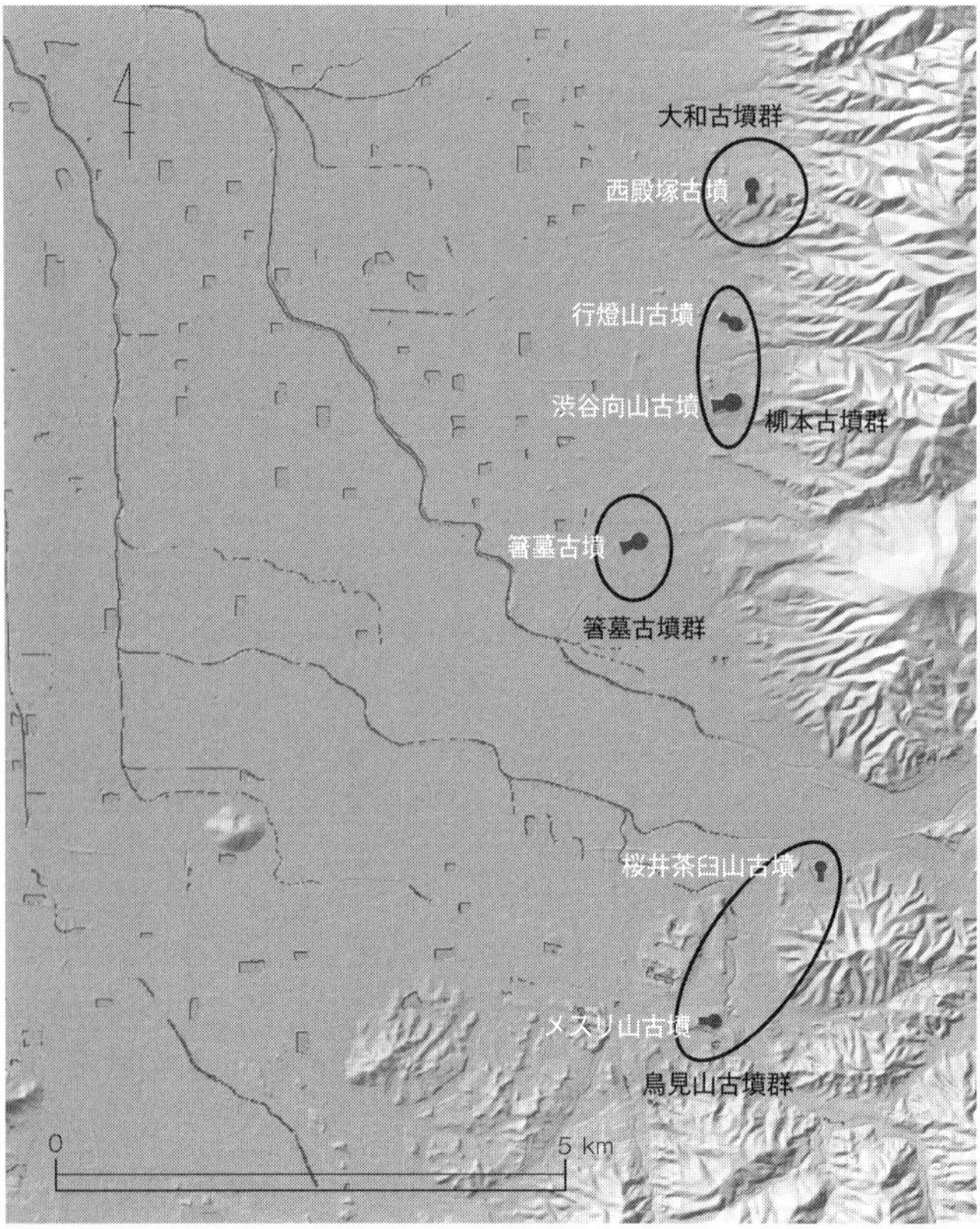


図 52　大和盆地東南部の主な大型古墳

位を継承するグループが複数あり、王位を継承する集団は一つではなく、有力集団の間を王位は行き来していたものと考えられる。

ヤマト政権の王位はそのような不安定な形で継承が行われていたのである。すなわち王位継承は一つの集団に限定されているのではなく、複数の集団の間で継承されていたのであった。自然と王位継承争いが起きやすい状態であった。その地位継承争いが原因の一端となって「千余人を殺す」というような混乱がおこったものと考える。その混乱をいったんおさめるべく、男王とは別集団に属していた台与が、中継ぎの女王として即位したと考えられるのである。

## 四　台与、その後

『晋書』ならびに『晋起居注』の記載を最後にして、台与に関する記録は途絶えてしまう。台与の死やその後のことは文献から追うことは困難である。王墓の分布からは、初期ヤマト政権の混乱はいったん収まったように見える。台与の登用が効果的であったのだろうか。すくなくとも柳本行燈山古墳と渋谷向山古墳という二つの王墓が柳本古墳群にて連続して築造されるからである。二代続けて王墓が同じグループで築造されるのである。白石太一郎はこの現象を評価して、「ヤマト王権中枢でも男系世襲制の萌芽のようなものが成立しつつある」と述べた（白石二〇一三）。男系世襲制が芽生えてきたか否かは、柳本行燈山古墳と渋谷向山古墳の内容が明らかでないだけに不明である。ただ同じ集団から大王が連続して輩出されたことは注意しておいて良い。

しかし、ヤマト政権の王位継承は、その後すぐ、いや渋谷向山古墳造営の時点から不安定なそれに再び陥っていると思われる。新たな有力古墳群である佐紀古墳群が大和盆地北部に造営されはじめ、渋谷向山古墳の後には河内と和泉に新たな王墓群が出現する。新たな有力集団が登場するのだ。古代において、王族は分派する傾向にあり、王位は新たな有力集団の間で継承されるようになる。このことについてはすでに別本にて記した（清家二〇一八）。台与以降の王位継承についてはそれに譲ることとして補論を終えたい。


白石太一郎　一九九九『古墳とヤマト王権』文春新書

白石太一郎　二〇一三「百舌鳥・古市古墳群出現前夜の畿内」『百舌鳥・古市古墳群出現前夜』大阪府立近つ飛鳥博物館：pp. 七―一六

清家　章　二〇一八『埋葬からみた古墳時代　女性・親族・王権』吉川弘文館
渡邉義浩　二〇一二『魏志倭人伝の謎を解く――三国志から見る邪馬台国』中公新書

本書の原本は、二〇一五年に学生社より刊行されました。

著者略歴

一九六七年、大阪府生まれ
一九九三年、大阪大学大学院文学研究科前期課程修了
豊中市教育委員会、大阪大学文学部助手、高知大学人文学部助教授、同教授を経て
現在、岡山大学大学院社会文化科学研究科教授、博士(文学)

〔主要著書〕
『古墳時代の埋葬原理と親族構造』(大阪大学出版会、二〇一〇年)
『埋葬からみた古墳時代―女性・親族・王権―』(歴史文化ライブラリー、吉川弘文館、二〇一八年)


卑弥呼と女性首長〈新装版〉

二〇二〇年(令和二)三月一日　第一刷発行

著　者　清家《せいけ》　章《あきら》

発行者　吉川道郎

発行所　株式会社　吉川弘文館
郵便番号一一三―〇〇三三
東京都文京区本郷七丁目二番八号
電話〇三―三八一三―九一五一〈代表〉
振替口座〇〇一〇〇―五―二四四番
http://www.yoshikawa-k.co.jp/
印刷＝株式会社 三秀舎
製本＝誠製本株式会社
装幀＝黒瀬章夫





ISBN978-4-642-08382-9

## 邪馬台国の滅亡 大和王権の征服戦争（歴史文化ライブラリー）

若井敏明著　四六判・二〇八頁／一七〇〇円

邪馬台国論争を解決する鍵は何か。『記紀』を丹念に読み解き、邪馬台国の位置が九州北部であったことを論証。大和政権が邪馬台国を滅ぼし、どのように全国を統一したのか、その真実に迫り、新たな古代史像を描きだす。

## 邪馬台国と安満宮山古墳

高槻市教育委員会編　四六判・二三八頁・原色口絵四頁／二五〇〇円

邪馬台国はどこにあったか。卑弥呼が使者を送った魏国の紀年鏡や三角縁神獣鏡が発見され話題を呼んだ高槻市の安満宮山古墳。その出土鏡や時代背景を多彩な角度で検討し、考古学・歴史学の両面から倭国の実像に迫る。

## 東アジアの動乱と倭国（戦争の日本史）

森　公章著　四六判・二八〇頁・原色口絵四頁／二五〇〇円

二世紀に成立した倭国は、東アジア諸国との交流で発展すると同時に、戦いにも巻き込まれてゆく。倭国大乱、百済・加耶諸国の紛争、白村江の戦への過程を検証。激動の国際情勢のなかで、倭国が経験した戦争と外交を描く。

## 神々と肉食の古代史

平林章仁著

四六判・二六〇頁／二八〇〇円

古来、日本人は肉食を忌み避けたとされている。だが、神話の神々は生贄を食べ、墓にも肉が供えられていた。信仰を中心に肉食の実態を解明し、のちに禁忌となる過程を考察。祭儀と肉の関係から、古代文化の実像に迫る。

## 東アジアのなかの日本古代史

田村圓澄著

四六判・三一〇頁／二八〇〇円

近代まで千年余、中国・朝鮮との長き国交断絶はなぜ続いたのか。古代史の重要テーマから近隣諸国との友好と対立の歴史を辿り、古代日本を東アジア世界に位置づける。今日の歴史認識、外交問題を考える上で必読の一冊。

## 邪馬台国の考古学（歴史文化ライブラリー オンデマンド版）

石野博信著

四六判・二四〇頁／二三〇〇円

邪馬台国とは何か。女王卑弥呼の鬼道とは何か。最新の考古学成果をもとに二～三世紀の古代日本の実像を描く。各地の居館・祭殿・墳墓の比較や、土器・鏡・織物など出土遺物を通して、邪馬台国の位置と時代を検証する。

（価格は税別）

吉川弘文館